人物叢書

新装版

帆足万理

ほあしばんり

帆足図南次

日本歴史学会編集

吉川弘文館

西崦精舎図

帆足万里像　十市石谷画

石谷（1793—1853）は豊後杵築の画家で，「百蟲百花の図」で知られている。（著者蔵）

帆足万里筆蹟（大分県日出町、立川亮吉氏蔵）

君子は易に居て以て命を俟つ、
小人は険を行ひて以て幸を徼む。（中庸第十四章の語）

帆足万里筆蹟（著者蔵）

滌器儀成り是れ褻臣、憐れむ可し誅菹龍鱗に触る、
君に勧む清高の節を保たんと欲するも、試みに看よ
三條破釜の人。

（詠利休居士）

『窮理通』訳稿（著者蔵）

はしがき

今日帆足万里の名を知る人は稀であるかもしれない。ましてその人と学問の理解という点にいたっては、なお一層限られているようである。しかし万里がたとえ世間からとっくに忘れ去られているにしても、その思想の振幅と軌跡をふり返ってみれば、今日もその思想が生きていることは、オーギュスト＝コントとほぼ東西・時を同じくして諸科学の種類を体系化した『窮理通』や、現在においてもなお多くの現代史的意味が読み取られる『東潜夫論』等によって明白である。

かつて兼常清佐博士は著者への手簡で、『東潜夫論』について、

> 天保・弘化の昔、これほどのものが書かれたのは実に驚くべきことです。その精神力は実に偉大です。小生、本の名は知つてゐたですが、読んだのは、実はこれ

がはじめてです、驚嘆しました。これはただ大言壮語でなく理路井然（せいぜん）としてゐるところが大変人に訴へます。……これは万里が科学を学んだことから、その論述のしかたが十分に理論的な形を供へるやうになつたためだと思ひます。人の精神力は誠に偉いものだと思ひます。今も昔も人の偉さに変りないと松本亦太郎先生がよく講義に言つてゐましたが、こんな事をさすのでせう。（昭和十六年十二月二十日）

と一読者としての感想を率直に述べられた。いま私がかれこれ言葉を費すよりも、上の博士の読後感を引くことで、少なくとも万里に関する評価は簡明・的確に尽されているように思われる。

西村天囚（てんしゅう）が明治四十三年『大阪朝日新聞』に連載し、やがて『学界の偉人』（明治四十四年）に収めた三浦梅園・脇愚山・帆足万里の評伝を執筆した動機は、

其の学行と著述と、群儒に傑出して、而して其の名却て甚だ著（あら）はれず、世其の名を聞くも其の詳（くわしき）を知る者は鮮（すくな）し。

と痛感したからであり、彼が遺跡を実地に踏査して、豊後の僻陬に埋もれた学者たちの学問と事蹟をあらためて世に認識せしめた功績は見逃されない。

その後、郷土在住の研究者たちの地道な努力が、万里についての解明に積み重ねられたことも無視されないが、天囚の雄渾な筆力は、今日もなお万里の風貌を描き得ている点で、一段と際立っている。あるいは拙著もその前に光りを失いはしないかをおそれないでもないが、もし何らかの取り柄があるとすれば、今日の観点で、何故に万里が忘れられてはならない思想家であるかに、照明を当てようと心掛けた以外にはないであろう。

とにかく専門家のそれぞれの立場からは、素人考えのそしりを免れない点も多々あるであろうが、識者の批正と後考を期待したいと思う。

昭和四十年九月

帆足図南次

目次

口絵

挿図

第一　巣立ちの時代

一　郷　土

景勝の地日出

周防灘を左手に、豊前の海岸沿いに、門司から一路南下する列車に乗れば、宇佐で海と別れて、いよいよ上りになる豊後の山路へとあえぎあえぎ差しかかるが、別府から三つ手前の日出(ひじ)に着くと、がらりと風景は一変する。眼下には水色明るい別府湾がひろがり、眼路(めじ)の彼方に、海に迫った山裾に連なる白い湯煙りの立つ亀川・別府の街々が望まれ、夜は対岸の灯がちかちかとまたたいて、景観になお一層の情趣をかもし出すであろう。

文政五年(一八二二)三月四日杵築(きつき)より竹田荘への帰途、日出から海辺の道を歩いた

竹田の絶賛

田能村竹田は、文人画家一流の眼で、このあたりの風色を観望して、「岡阜（岡や山）は高低、洲渚は曲折す。……終日山光水色の間を往来し、神情太だ舒ぶ」（『黄築紀行』原漢文）と絶賛の心情を述べている。

南蛮船の入港

この日出について、『鎖国』の著者は、時の浪に遠く運び去られて、今はもう人々の記憶にも残っていない歴史の一こまを思い出させるかのように、四百二十年前の天文十五年（一五四六）日出の港を中心として、極彩色の絵巻の如く繰り広げられた南蛮人渡来という異国情緒ゆたかな情景を鮮かに描

日出風景

き出している。

この年の八月にバスコ＝ダ＝ガマの子ヴァルテ＝ダ＝ガマを船長とするポルトガル船が大分の傍の日出の港に入つた。……彼は豊後の領主大友義鎮（よししげ）にすすめてシャビエルを府内（大分）へ迎へさせた。……シャビエルが日出に着いた時には船には旗を掲げ、祝砲を連発して日本人を驚かせた。ついで府内入城の日にはダ＝ガマ船長をはじめ多くのポルトガル人たちが華かな盛装をつけ、従僕を伴ひ、法服に威容を整へたシャビエルを擁して静々と行進を起したのである。（和辻哲郎『鎖国』）

木下侯の城下

南蛮屏風に描かれたような三本マストの異国船が華かに出入りした日出、日出（ひじ）の庄（しょう）（宇佐弥勒寺喜多院領）という荘園であった中世の日出、近世に入っては、北政所（きたのまんどころ）（豊臣秀吉夫人）の実家杉原家から出た木下侯の城下であった日出も、今はすっかり寂びれ果てて、この地に有名な松屋寺（しょうおくじ）の樹齢五百年以上と伝えられる蘇鉄を見る以外は、わざわざ訪れる人もなさそうである。ただ近ごろ車の往来が繁くなったのが目立つだけの街道沿いにつづく屋並(やなみ)には、何となく取残されたもののわびしさが立ち込み、海に臨ん

松屋寺の蘇鉄

日 出 城 址

で威容を誇っていた暘谷城（ようこく）はすでになく、城址をめぐる空濠（からぼり）や苔むした石垣や朽ちかけた鐘楼や古木がわずかに昔をしのぶよすがとなって、旅愁を一層そそりがちである。

そそられる旅愁

丘の上に眠る帆足万里

このように歴史の流れに浮き沈みしていった日出は、百八十余年前その名を帆（ほ）足万里（あしばんり）という一人の個性的な学者を生み出している。彼はこの地で七十五年の学究的生涯をとじて、波静かな別府湾を見はるかす日出北郊の小高い丘の上に眠っているのである。

二　万里という名

帆足万里、通称は里吉、字は鵬卿（ほうけい）。西村天囚が、

何ぞ其の荘周的なるや、学者は皆物々しき雅号ありて門下に標榜する習なれども、彼は雅号なし。曰く、孔孟名字の外所謂（いわゆる）雅号を用ひず、我曹（わがそう）(われら)号な

き可なりと。何ぞ其気宇の高きや。(『学界の偉人』)

と評している通り、万里はその実名であって、雅号ではない。

雅号のない万里

帆足万里の印

雅号の意味は唐木順三氏の解釈によれば、

俗名と異なる雅号をもつたといふことは、俗世間と異なるところに雅の世界をもつたといふことである。……俗に対する雅、透谷の言葉を借りれば実に対する想、俳諧に遡れば実に対する虚、さういふ対立があり、好んで後者を選ぶところに文人世界が成立した。この前者後者の対立がある限りにおいて文人に雅号が必要であつた。(『無用者の系譜』)

とある。

これから推して、万里に多くの詩詠があり、俳諧の世界に遊んだことは否めないにしても、彼が雅よりも実に重きをおく気質の人であり、出でては士大夫の役を果し、入っては諸学を講じ、気質的にも風流韻事に明け暮れる文人墨客型でなかったという意味で、むしろ他の学者のように雅号を必要としなかったことも、一理があるのではなかろうか。

愚亭と西崦

門弟中村栗園（りつえん）が彼の自伝『半仙子伝』（『栗園余稿』）のなかで、万里を愚亭と呼び、広瀬淡窓も、その日記にしばしば愚亭と録した。しかし万里自身は他からそのように呼ばれても、本来彼の書斎の名に由来していた愚亭（『日本洋学年表』）を称した形跡はなかった。また彼が晩年の学舎西崦（せいえん）の名をとって、俳号にしてはいたが、森田思軒が帆足西崦と呼んだようなことは異例であった。

三　藩　風

万里の兄弟たち

万里は三浦梅園におくれること半世紀余の安永七年（一七七八）正月十五日（陽暦で二月十一日）木下侯の家臣帆足通文（一弥太、後に兵部典膳と称した）の第三子に生まれた。江戸滞在中の異母兄貞之丞が天明元年の閏五月二十日二十歳で早世したので、次兄の通億（蔵人（くらんど）または鴫斎）が家を継ぎ、弟の通統はいかなる縁であったのか、明石藩（八万石）松平左兵衛佐の家中金井氏に養われた。彼の事蹟といえば、「天保年中江戸屋岩吉が金井要人（明石城主の公用人、帆足万里の実弟）の援助で赤石玉を発明して赤石名産の一つとなった」（『明石市史』）と語られているくらいである。

万里が生まれたのは、慶長五年（一六〇〇）初代木下延俊（長嘯子の実弟）が入府して以来、十一代目の木下俊懋の代であった。二万五千石の小藩ながら、もともと日出藩には、伝統的に学問尊重の気風があり、この藩風を醸成した三代俊長は、雅名を大年またた江北散人と号し、狩野常信に師事して、画家として一家をなし、文雅の名も高かったし、有数の蔵書家としても聞こえていた。彼は寛文年間、林羅山に就いた人見道生の甥の人見鶴山（竹洞）を水戸から聘して、儒学を奨励した。

十代俊胤は明和年中、三浦梅園と親交が厚かった喬鳳渚（維嶽）を儒臣とし、さら

三代木下俊長

十代木下俊胤

に江戸から荻生金谷門下の伊東藍田（亀年）を招いて、藩士の教育につとめた。江戸で秋山玉山（熊本藩儒）を中心としての詞筵に列した詩文好みの諸侯のうちに、日出侯木下俊胤の名もあった。彼はまた安永四年三月十五日梅園を手厚く城下に迎えたりした。その後梅園は「日出侯賜酒」と題する詩のなかで、

草莽の外臣恩眷に感じ
風に臨みて窃に南山を自祝す（『梅園詩集』原漢文）

と感涙にむせんだ面持を示している。

十一代木下俊懋

その後を継いだ木下俊懋は寛政年中、梅園の門弟で、天明八年その門を辞した井上大成を藩の文学に登用した。それより前にも、経芸を伊藤東涯に受け、文辞を服部南郭に学んだ原田（あるいは原）東岳を召し抱えたこともあった。東岳は後に中津藩儒となった。

四　家　庭

上のように儒をたっとび、文を講ずる学問尊重の気風のみなぎった日出藩に、万里が生まれ、成人していったことは、特に彼に幸いしたといわねばならない。その上学問に理解のある教養の高い家庭に人となったことも、彼に恵まれたことであった。

伝えられる家系

『豊後清原系図』によれば、清少納言を祖父の姉に持つ清原□高（原書のまま）罪を得て、豊後国玖珠（くす）郡に流され、その七代後の言助が帆足大夫是次と名のり、以後帆足姓を称するにいたったといわれ（『続群書類従』第七輯）、万里も『井楼纂聞（せいろうさんぶん）』巻三に、

清原正高

豊後玖珠郡に流された少納言清原正高が、その地で矢野氏を娶り、四男子を生み、赦（ゆる）されて京に帰った後、豊後に留まった四子の子孫が十二姓に分れ（その一姓の裔に大限言道がいた。）、

帆足鎮永

帆足郷にいた一族が大友能直の臣となり、宗麟父子の時兵部少輔鎮永（しげなが）はしばしば従軍して功を立てた。当時の感状は家に蔵されている。薩軍が来襲した時、一族

は玖珠郡角牟礼の山城を守って、薩軍に夜襲を仕掛けて撃退した。その後大友の没落で禄を失ったが、佐伯侯に仕えた。その子兼永が初めて日出藩に官し、六世を経ていると、みずから家譜を記述している。

帆足兼永

万里の父

また『姓氏家系大辞典』(巻三)には、「豊後国玖珠郡帆足庄より起る、日出木下藩家老に此氏見え(武鑑)……」とあるが、このように半ば伝説のなかに埋まっているその系をうけた兼永が日出の二代木下俊治に仕官した。その三代目が字を伯武といった万里の父通文である。家は代々物頭・用人等を勤め、世禄百五十石位を食んでいた。通文は俊胤・俊懋の二代に仕え、寛政八年家老に登用せられ、三百四十石を受けた。

万里は父について、別に何も書き遺していないが、彼より五歳年少の広瀬淡窓の『懐旧楼筆記』巻二を引用すれば、

> 此歳。日出藩ノ大夫帆足一弥太。国命ニヨリテ。当県ニ来リ。俵屋藤四郎ガ

家ニ留レリ。予ガ名ヲ聞テ。相見ンコトヲ求メラル。時ニ大坂ノ俳師無々庵冬陽ト云フモノ。秋風庵ニ来リ留レリ。此人帆足ニ交リアリ。因テ予ヲ携ヘテ。其旅館ニ至リ相見エシム。帆足席上ニテ。予ニ書数葉ヲカヽシメテ。持帰レリ。又冬陽ニ問ヒテ。此児。詩作ハ如何ニト。冬陽答ヘテ。未ダ見ズ。何レ遠カラズシテ其企テアルベシト云ヘリ。予座ヲ起ツ時。広円寺法蘭上人。亦訪ハレタリ。帆足ハ風流好事ノ人ナリ。後ニ兵部ト称セリ。

これが当時八歳の幼童に過ぎなかった淡窓の眼に映じた通文であった。さらに筆を進めて、淡窓は法蘭について次のように述べている。

法蘭。銭塘ト号ス。一向宗ノ僧ナリ。此人少キヨリ。文字ヲ善クシ。肥前大超禅師ノ弟子トナリ。又江都ニ遊ビ。服（服部）南郭ノ門ニモ入レリ。当時文壇ニ於テ。一名家ナリ。……法蘭ノ集ヲ銭塘詩集ト云フ。又二巻ニテ梓行ス。……筑ノ南冥先生モ。兄ヲ以テ事ヘラレシトゾ。

このような学僧とも交わりのあった通文が、「風流好事の人」であったことは、先ず間違いなさそうである。

三浦梅園と清伯武

梅園が日出に遊んだ後、「歓を交ゆること三日、また群を離る」といった彼を囲んでの清会に通文も参じて、韻事をたのしんだ一人であったし、梅園は帆足の本姓が清原姓であるので、彼を清伯武と呼んで、詩詠数篇をしばしば寄せ、安永九年二度目に日出に来た時、通文の居宅を訪れ、

新知も旧識も皆青眼（親しき人に対する目付き）、
四海何ぞ嘆かん弟兄の少なきを。（『梅園詩稿』原漢文）

と日出の詞友たちと会合したよろこびをそのままに伝えている。

また梅園は通文が江戸で、その長子を失い、日出藩邸（愛宕下藪小路、麻布一本松・芝二本榎の上・中・下屋敷）に程近い西窪八幡の知恩院末寺の西谷山寿向院大養寺（『江戸砂子温故名跡誌』巻五によれば慶長年中草創とあり。同所に現存）に愛児の遺骸を葬って帰藩した友のいえ難い傷心の痛手を思いやって、「嗚呼哀しい

哉、伯武君の情知る可し」の題下に、

驚風（風烈）吹いて一炊の夢を破り、

長路空しくして千里の駒（一日に千里を走る駿馬）を思ふ。（『梅園詩稿』原漢文）

と詠じていることによっても、両者の並々ならぬ交わりがうかがえよう。

通文は十二年の永きにわたって、百石から勤め始め、家老職を勤め上げたのであるから、誠直練達の士でもあったであろう。

一方万里の母は同藩の宿老菅沼権右衛門（常政）の女で、『武鑑』（享和三年）によれば、権右衛門は女婿の帆足兵部ほか宮崎直記・浅野半兵衛とともに家老に列していて、『御政事要略』という家老の勤方心得書を書き遺している。母は万里二十六歳の享和三年三月五日、恐らく五十にもなっていなかったであろうが、夫兵部に先立って没した。

だが上のような父があったからこそ、学を好む万里は極めて順調に、志をひた

慈父の一念

すら学問の世界に伸ばすことができた。彼が少壮時代再度にわたっての東遊で、中井竹山・皆川淇園らの当代の錚々たる諸家の門をたたくことを得たのも、早くも俊童淡窓の資質に目をつけただけの当時の知識人であった父のあたたかい心が通っていたからである。殊に最初の寛政十年万里二十一歳の時には、藩命を帯びて上坂する通文が、わざわざ万里を伴っているが、もとより小藩の武士の家計に余裕のあるはずもなかったろうから、乏しいなかから幾らかの学資を割いてまで、向学の念に燃えるわが子に上国の学界の空気を吸わせようとの慈父の一念をまざまざと感じ取らざるを得ない。万里が他日自己を築いた素地も、やはり短時日ではあっても、竹山・履軒・淇園らに接して、何らかの影響を受けたことにあったのを思えば、通文がこのようにわが子の教育に深く意を用いたことも、決して徒事ではなかったのである。

第二　学問自得の時代

一　師を求めて

脇愚山に就く

日出に近接した小浦（現大分県速見郡日出町豊岡字小浦）に、脇愚山（蘭室）が家塾を開いたことも、万里にとって無上の幸いであった。十四歳から二十一歳までの八年間、その門で学問の手ほどきを受けたことは、彼の学問の基礎づけとなった。門弟米良東嶠（めらとうきょう）が「成童（十五歳に達した少年）遍く群書に通じ、文を属（つづ）ること日に数百千言」（墓碑銘原漢文）と述べているのは、万里の基本的な教養がこの時期に習得しつくされたことと、愚山の誘掖（ゆうえき）の法が適切有効であったことを示しているし、また万里自身も恩師の死を悼んで、

稚齢（ちれい）（幼きこと）、善誘を忝（かたじけの）うし、

陋質（いやしききたち）、沈研（深くきわむること）を謝す。（『西崦余稿』原漢文）

と賦しているのも、上の事実を語っているかのようである。

万里は愚山に就いた後、さらに師を求めての遍歴について、

中井竹山に謁す

きびしき反省

予二十一、東のかた浪華に遊び、竹山先生に謁して教えを請う。当時頗る能く文を作り、書を読みて、略能く解せり。先生曰く、子が輩書を読みて已に能く解せり、唯六経四子を取りて之を読むこと数年、満巻是れ疑ふならば、始めて与に学を言ふ可しと。予唯々（承知の返事）せしも、然れども以て迂（回り遠い）と為しき。辞して京に入りしも、遂に得る所無くして帰れり。後三年筑前に遊びて南溟先生に見えしに、先生本邦の詩を論じて、徂徠を以て極めて巧なりと為せり、予亦唯々せしも、また以て然りと為さざりしが、後始めて二先生の我を欺かざるを知りき。後世の小子は其れ軽々しく先生長者の言を以て疑ひを致す莫かれ。（『肄業余稿』原漢文）

と述べている。

懐徳堂の声望

森田思軒が「諸鄙各藩の書生亦た多く来りて、此を過ぎり此に聚まりたり。渠等の多くは懐徳書院の名を聞き、竹山兄弟の名を聞きて、前後懐徳書院を来り訪へり」(『山陽と其時代』)といっているように、万里も師の愚山のすすめもあったであろうが、諸国の学徒の如く懐徳堂の名声を聞いて、その門をくぐった一人であった。

皆川淇園を訪う

当時すでに彼に相当の学殖があり、それにおのずと伴う自信もあったこと、「一種の政治家的手眼を有し、飽学能文一世を蔑如するの概」(『山陽と其時代』)のあった竹山でさえ、「鶏群の一鶴」と愚山が推したその門下の逸材の学識を十分認めていたこと、万里が竹山の学問的方法を一時迂遠とし、京都では建仁寺常光院に仮寓して、皆川淇園の門に出入したものの、彼が期待したほどでもなかったことなどが、上の告白にははっきりと読み取られるのである。

この一次の東遊から四年後に、万里は再び東上するが、前後二回とも従学とい

懐徳堂の学風

うまでに久しく滞在しなかったことも、すでに学業成就(じょうじゅ)して、もはや竹山・淇園らによって学問的に啓発される点がなかったかのようにも、一応は受け取られる。しかし「吾学(わが)は林に非ず、山崎に非ず、一家の宋学」と豪語して、「疑ふべきあれば朱説といへどもとらず」とした懐徳堂(竹山の父甃庵(しゅうあん)の創立)朱子学への道を示唆(じさ)したものと考えられる竹山の含蓄ある言葉を反省して、彼の究学の態度に生かしたことは、上の引用の最後で疑う余地もない。このように学問における疑いの意味を重視した懐徳堂の自由にして合理主義的な学風は、当然万里の俊敏な心に響いて、「其の疑ふ所蓄して胸中に在るを要す。功を積みて已(すで)に久しければ、則ち自然に氷釈(ひょうしゃく)す」(『修辞通』原漢文)というような貴重な学問的体験の告白となった。それは八十四歳の貝原益軒が「学びて後、疑ひあり。疑ひありて後、問ひあり。問ふて後、思ひあり。思ふて後、学問の道を得るあり」(『大疑録序』原漢文)といった精神に多分に共通しているのである。

中井履軒の影響

さらにまた別に記録がないからといって、兄竹山と異なる学を立てた中井履軒と万里の学問的関係もあながち否定されないようである。内藤湖南はその著『先哲の学問』のなかで、履軒の学問的影響を直接・間接に受けた学者として、猪飼敬所とともに、帆足愚亭に指を屈しているほどである。例えば万里は『肄業余稿』で、安永六年履軒が梅園へ書いて贈った『蝦夷弁』の如き片々たるものにまで、彼が眼を通していることを語ったり、近時履軒の『経解』は文の拙い点は短所とみられるが、内容的には漢以来ないものであると短評を加えたり、一門弟に乞われて、履軒の書後に題した一文で、履軒先生と敬称して、その学行をたたえたりしている。恐らくその主著からもっと多くを受けたに違いなく、履軒に『諧韻瑚璉』『履軒古韻』の研究成果があったように、『窮理通』巻八の末尾に音韻の研究が見事に実ったのも、湖南が指摘した履軒の影響の一つの現われであったのかもしれない。

再び東遊

享和二年一月二十二日、日出港を出帆した藩の便船(びんせん)を利しての単身十二日の船旅を無事終えて、二月四日大坂の川口に到達するまでの紀行は、『浮槎(ふさ)（浮んでいる筏）日記』の名で遺されているが、大坂を経て、二月六日入京、その日村瀬栲亭(こうてい)に会っていることから、その前日あたり、再び彼が竹山を訪うているのではなかろうか。また彼が最初満たされないまま心空しく去ったとはいうものの、淇園再訪の事実から察して、「疲れを知らない文筆家、学問の普及者であり……サミュエル・ジョンソンも羨むほど華々しく文壇に君臨していた」（ハーバート＝ノーマン『忘れられた思想家』）といわれた老大家に道を問う気持も失われていなかったようである。

『逸史』の鑑識

万里は徂徠は世間から高く買われているが、竹山は徂徠にまさるとも劣らないと評し、愚山の師たる竹山に対して必ず竹山先生と敬称することを忘れなかったし、武藤長平氏が「然れども其『左伝』の筆法を学びたる文章の精厳は既に帆足万里等の鑑識するところとなり……」（「日本近世儒林の史学修史」『服部先生古稀論文集』所収）といったように、

『逸史』のすぐれた鑑識者でもあった。一方淇園に関してはどういう事情があったのか、知るべくもないが、万里は一言半句も言及していない。墓碑銘も意識的に万里が竹山や淇園を訪うたことに口をとざしている。しかし二人の名が筆にあまり上らないからといって、これらの万里周辺の知名の学者たちが、彼の学問の上に及ぼした影響を無視してはならない。愚山は竹山に従学することわずか半歳で、『逸史』(寛政十一年上梓)に序し、師によって細川侯にすすめられたほどに竹山の信頼が厚かったから、当然性理空談を排し、文辞を尊重する学風を受けていた愚山を通して、いわゆる実学の祖ともいうべき竹山の影響が皆無とは考えられないし、また万里が『入学新論』の原名で試みた字義の解明にも、字義より入って開物学という「学風甚ダ奇僻」(昭陽の評語にして淡窓の『儒林評』から)とみられた一家学を立てた淇園から全然触発されなかったともいってしまえない。

無視されない京坂諸大家の影響

とにかく異学の系列に属する京坂の諸大家が、殊更万里の学問の成立に目に見えて寄与していなくても、それぞれの影響は少なからずあったはずである。

二　儒学の師脇愚山

愚山鶴崎に移る

万里は十四歳から愚山に師事すること八年、寛政十一年四月愚山が熊本から肥後領の鶴崎（豊後）に移って以後、万里が文化元年二十七歳で日出藩学教授となるまでの数年、時々師を鶴崎に訪れ、親しく教えを受けた。したがって愚山と万里の間の学問の授受（じゅじゅ）と師弟の情誼は、多年左右に侍していないるから先生の志において識（し）らないことはな

脇愚山像

いとさえいうほどで、竹山・淇園に対するのと格段の違いがあったことはいうまでもない。

愚山は万里のために文化五年春『肄業余稿』に跋を寄せ、文化七年冬には『修辞通』と『窮理通』に序した。万里もまた享和元年正月七十になった愚山の母の寿を祝って、珍しくも花歌十五首を献呈し、文化四年四月『蘭室集略』に跋を書き、師の没後『蘭室集略』（続編）を校正し、序を撰し、「祭二愚山先生一文」を物するなど、美しい師弟の情誼を語っていないものはなく、それらのいずれをとってみても、師恩に対する真情が惻々と迫るように感じ取られる。

『近世叢語』（文化十三年）の著者として知られている愚山門下の角田簡（九華）が、教えを請うて来た書状への返書にも、「愚山はよく僕を尽し、而して僕は愚山を尽すこと能はざるも亦明か」（『帆足文集』原漢文）といって、切々たる敬師の情が脈うち、いかに自分が師恩に値いしないかを、謙虚な言葉で述べている。

学者は良師を求めて、師事しようと望んでも、なかなかその望みはかなえられないと述懐した万里が、竹山がその人を「重厚寡黙清操高節」と評した愚山をただ一人きりの儒学の師としたことは、彼にとってそれ以上の幸運はまたとなかった。

身近にいた梅園

このように彼のために文学の師愚山がいたばかりでなく、彼が益軒・藤樹・白石・徂徠・仁斎・東涯とならぶ大儒として一段と尊敬した窮理の師三浦梅園が、身近にいた。ここで身近という意味は、藩は違っていても、僅々数里を隔てているに過ぎなかった同じ豊後の地に生まれた万里が、彼の前を歩いた梅園の人と学問を知る上に、誰よりも環境と条件に恵まれていたという意味である。もっとも万里の十二歳の時、梅園は没しているし、梅園が日出の万里の生家を訪れた時、たとい会ったとしても、万里が幼童であったから、それほど意味のあることでもなさそうである。しかし直接師事した愚山を通して、彼が梅園に源を発した「古

古来不伝の学

来不伝の学」の精神を受け継いで、近代科学を日本の社会に結合する端緒を開いた意味では、梅園の大きな影が、彼を包み込んでいたかのように見えるのである。

三　亀井南溟・昭陽との交流

万里の学問修業の第一期は、二度目の東遊で終わって、彼はそれきり三度び上国に旅しなかった。愚山に従学し、竹山・淇園・栲亭らの門を歴訪した彼は、もはや他より受けるものも少なかったであろう。しかしこの第一期のすぐれた最初の所産に、『肄業余稿』二巻があった。奇を問う門生たちに示すために書いたという随筆二百数十篇を集録した『肄業余稿』は、享和二年に起稿し、文化五年二月脇愚山の跋を付して、世に問うた。

『肄業余稿』（文化五年）

愚山は、

披きて之を閲（けみ）すれば、夫（そ）れ学識の優れるは蓋し徴するに足るなり。古経を論じ国史を議するが若き(ごと)は、並び先んじて我が心を獲たり。彼往々意表に出づる者有り。啻(ただ)に我を起(たた)すのみならず、賞嗟（ほめて感心する）已むこと無し。（原漢文）

と評している。

なかでも蝦夷・唐太・魯西亜の実状に関心を持ち、巨艦の建造や石造家屋の整備の急務を取り上げたり、地動説を紹介するなど、断片的ではあるが、はやくも後の『窮理通』『東潛夫論』へと導入される発想が閃(ひらめ)いている。

亀井南溟を訪う

彼が二十四歳の享和元年の春、当時五十八歳の鎮西の大家亀井南溟を筑前に訪うたことは、その後につづく亀井・帆足二門の関係がいよいよ親交の度を加えていった発端として重要な意味を持っている。この時蘐園(けんえん)派（徂徠学派）の系統の南溟が、徂徠の詩を賞したのは当然過ぎるが、それに対して二十代の万里が同調しなかったことはすでに述べた。しかし後年文化十三年「余嘗て西のかた前筑に遊び、南溟先生に見え、其の英邁(えいまい)の気を察す。固(もと)より已(すで)に九州を蓋(おお)ふ。而して風流詩筆又以て一世を輝映（きえい）するに足る」（『西崦余稿』原漢文）といっているように、たとい徂徠の詩の評価をめぐって意見が異なっていたにしても、万里が南溟の学識・詩文に敬意を払っていたことは間違いなかった。

二門の学問的交流

さて南溟（道載）と万里の初めての会談が契機となったものでもあろうか、その後亀井・帆足二門の学問的交流は、昭陽（元鳳）の代にさらに一段と活発となった。五歳年長の昭陽と万里は未見ではあったが、万里が朋友はその心を知ることが大切で、面識は問題ではないといっている通り、両者は未見であるがゆえに却って親交の度を増したかのようであり、万里の「所謂（いわゆる）草木同臭味の者」として心を許し合った仲であった。

「草木同臭味」の親近

万里の門下から勝田季鳳（きほう）・米良東嶠・毛利空桑（くうそう）・中村栗園・松本子省らが昭陽に学び、その都度愛（まな）弟子たちの指教を嘱する懇書を昭陽に寄せた。万里が日出藩家老になった天保三年、藩外の子弟の多くは、亀井の塾に託された。いつの年か、昭陽の息は北筑から南豊へわざわざ父のまだ見ぬ盟友を父に代わって訪ねて来た。万里はその時のことを「往年賢郎来り見へ、思仰を慰むるに足る。立談草々、未だ懐く所を委にせざれども、其淳篤を以て真に保家(家を保つ)の主也」(『帆足文集』)と昭陽に報じているが、昭陽がわが子を万里のもとに旅させた深い真意もそれとなく察せられるのである。

『蒙史』の校定

文政二年昭陽は豊後へ帰る勝田季鳳に『蒙史』の稿本四巻を託して、万里にその校定を求めて来た。彼は誤って指摘した点も多くあったであろうかと反省をきびしくしながらも、その責を果たした。

昭陽画像に対して

ついに生前の昭陽に会わないままの万里ではあったが、昭陽の画像に弘化三年七月初めて相対して、

余少くして筑に遊び、元鳳に見えんと欲すれど、疾あるに属き止む。余已に老ゆ。元鳳蒙史を著はし、余に考訂を属す。意甚だ余を一見せんことを欲し、

門人と与に天狗を倩い、余に請ふて来らんことを戯言するに至る。元鳳没して十余年、余此に在りて元鳳に見ゆるを得たり、元鳳は終に余を見るを得ずして、死せり。嗟人生遇合の予期すべからざるは、一に此に至れるや。（『西崦余稿』）

とみずから病いに耐えて、元鳳画像に題した時の感慨を漏らしている。

四　広瀬淡窓との親交

広瀬淡窓と会見

万里は筑前博多に亀井南溟を訪うたが、その同じ旅で日田に広瀬淡窓を訪ねた。同じ豊後の日田と日出とは山河二十里を隔てているに過ぎなかったが、二人が会見したのは、この時が初めてであった。淡窓は「此春日出ノ藩士。帆足里吉来リ訪ヘリ。昔年相見セシ兵部二男ナリ。……幼ヨリ学ヲ好ミ。博聞強記ニシテ。文章ヲ能セリ。今年二十四歳ナリ。此人。後来其名益高ク。一世ニ於テ。大儒ノ

二人の親交

称ヲ得タリ」と『懐旧楼筆記』巻九に記している。以来両者の友誼は重なって、終生変らなかった。そして二人の親交を語る信書の往来もしばしばあった。さらに万里門下から米良東嶠・毛利空桑・勝田季鳳らが淡窓を訪ね、帆足・広瀬の二門のよしみを一層深めていった。

『遠思楼詩鈔』に序す

淡窓が『遠思楼詩鈔』の序を万里に請い、彼がそれに序したことは、二人の推重し合う間を語っていて、淡窓が師の亀井昭陽ならびに友としてよかった篠崎小竹とともに、万里の序を彼の代表的詩集に飾ったことは、万里の人と学に傾倒する真情のあらわれでもあったであろう。万里はその序で、

巌居高士の操ある淡窓

余の詩に於けるは、所謂知らずして之を為す者、安んぞ能く子基(淡窓の字)を賛へんや。然れども少くして日田に遊び、子基に見ゆることを得たり。其の人となりを視るに、温厚長者恂恂然(控えめのかたち)として其の能を以て人に驕らず、今其の詩を取りて之を読めば、新にして詭ならず、近にして褻(汚れ)ならず、

巖居高士の操あり。(『帆足文集』)

と述べ、淡窓の人と詩への理解の深さを存分に示している。

その他万里には刻成って贈られた『遠思楼詩鈔』に対する謝礼の手紙である「広瀬子基に復す」(『西崦余稿』)や、多分『析玄』上梓の弘化二年のことであろうか、『析玄』賦謝の七言律(『帆足文集』)その他が厚い友情を語り顔である。

第三　藩学教授の時代

一　教育者の面目

万里二十三歳の寛政十二年は、彼の学識が日出藩で初めて認められ、学問出精のかどで、四人扶持を賜わった年である。その翌々年の享和二年二十五歳の時から毎年書物料二両を給されることとなった。そうしてついに木下俊懋（としまさ）は文化元年彼を儒員に登用して、七人扶持を給した。故山にあって「明時の一棄物」たろうと念じていた彼の双肩には、いまや藩学育成の重責がかかって来た。当時世の異数とされた次男を新規別禄でかかえるという藩主の殊遇（しゅぐう）に対し、今こそ万里が学問をもってこたえる秋（とき）が来たのであるが、学問で身を立てられる地位が、はっき

儒員に登用される

学問自得の第二期に入る

りと約束されたこの時から、彼は学問自得(じとく)の第二期に入った。

一方日出藩が万里という得難い人物に藩学を託したことは、藩の文運一時に振うにいたらしめたといってもよく、みずから「句読師(くとうし)」をもって任じた彼は、邸内に稽古堂という学舎を藩費で設けて、藩中に教授し、かたわら私塾を開くとともに、世俗に超然として自己の研学に余念もなかった。すなわち万里が七人扶持で家中に書を教え、門生を薫陶(くんとう)していた何の波瀾もなかった一儒生の時期こそ、また学問自得の得難い時期でもあり、彼の学問のスケールをさらに大きくした時期でもあったのである。

教育の理念と方法

それでは万里の教育の理念とその方法はどんなものであったか。東嶠の撰した墓碑銘は、

教えは忠信を主とし、務めて文章を為(つく)ることを以てす。曰く、邦人は辞を属(つく)ることを学ばずば、以て経義を明かにすること無し。荘列の異端、戦国策及

び小説の淫靡(いんび)、凡そ以て人の心術を壊(やぶ)る可き者は、尽く斥けて、読むことを得る勿れと、循々然(じゅんじゅんぜん)（順序ある様子）としてその材に因りて篤し。（原漢文）

と教育者としての面目を伝えて、遺憾がない。

経義は主要科目

先ず万里は「学問の道に至りては士の身を立て道を行う所以(ゆえん)」（『西崦余稿』）を説いて、第一に修学の目的をみずから修める人間の育成においた。したがって彼が経義（経書の意義）を教授の主要科目としたのは当然で、文を作るのも、経義を究めるために採られた一方法で、自分で文を作ることができなければ、書も読めなければ、詩も深く解し得ないから、学問の目的は遂げられないとした。「今の道を学ばんと欲する者は宜しく文辞より始むべし」（『西崦余稿』）とは、彼の唱道し、実践した要諦(ようたい)で、この教授法こそ、経書を第一とし、史・諸子百家雑書を二の次にした愚山から、彼が体得した方法であった。それゆえ『修辞通』の編著、『井楼纂聞』の訳述の意図も、文を作る方法を教え、叙事の法則を示すことにあった。

このように万里は修学における経義の重要性を強調し、古経に通ずる楷梯として、文を学ぶことを奨励したが、徒らに章句を細微に根ほり葉ほり知ろうとすることをきびしく戒めた。ここで、はからずも思い合わされるのは、明治三年西周（あまね）がいった次の言葉である。

西周の言葉

真理の目的を達するは文事にして、大に学術を助けて之か方略となり、媒となりて真理を見出すといへとも、又徒らに文字に沈溺するときは却て真理を見出すの害となることあり。（『西周全集』一巻）

身体の鍛練に留意

学塾では学徒たちの学問の向上に苦心を払うとともに、彼自身病弱であったためでもあろうが、武技を奨励して、身体の鍛練にも留意した。田能村竹田が彼を訪ねた時、門弟たちに相撲を取らせて興じていたと記しているのも、一つには彼が相撲好きというばかりでなく、学徒たちの身体の鍛練が目的であったのかもしれない。しかし彼はたとい武芸が上手であっても、書物を読まないような者とは稽古場以外の付き合いをしてはならないと禁じ、また槍剣（そうけん）は人の勇気を養うが、格別上達するに及ばないとも諭している。

簡潔な塾則

そして学塾における読書は早朝六時に始め、二時放課、夜は十時を限った。塾則は火を戒め、外出を規定する程度の簡素なものではあったが、「師道厳にして道尊し」といった塾風がおのずから作られていた。

二　日用の学

次に万里は「道徳の学」に対しての「経世（けいせい）の学」という意味ではなくて、「文辞の学」に対しての「日用の学」という意味での実学、すなわち福沢諭吉のいう「人間普通日用に近き実学」（『学問のすすめ』）を尊重した。彼が「日用の学」をいかに重

算術しらぬ人は無筆と同じ

視したかは、「今の士人算術を胥吏（しょり）（小役人）の事なりとて学ばず、珠算は誠に胥吏の事なれど、筆執りも胥吏の事なり。然ればとて文字かかぬ人もなし。書数は同じ

ことにて算術しらぬ人は無筆と同じ。行届かぬことのみなり」(『東潜夫論』)といい、晩年の家訓でも「算術しらぬ役人はつねに小役人に欺かれて経済出来ぬ也。九章(最古の九種の算法)とて周公の御作なりといふものあり。其位の修行にてたる也」と卑近な意味の数学の効用を言い遺している。

藩数学教授は武野算助

彼自身数学には相当達していたが、藩学では、彼の数学上の師友であった同藩の武野算助が隔夜数学教授の任に当った。「文辞の学」のみを重んじた時勢にあって、「日用の学」をそれと同列にならべたことは、彼が学問の生きた現実的意義を大胆にとらえていた何よりの証拠であった。彼のいう「日用の学」すなわち実学には、算数・経済・医学、それに窮理学が幅広く包含されていた。「宜しく小物を明かにして之れを用に登す」(『窮理通』自序)を学の目的とした窮理学の性格から考えて、その学風が実学に生彩を放っていたのは当然である。

万里は数学の卑近な日用性を理解していた一方、窮理学においても実際に和算の計算を試み、その必要性を痛感してもいたから、性来の嗜好に加えて、例えば久留米の算家田中勝成の『精要解』を参考にしたりして、数学の研究につとめた。

数学の師二宮兼善

日出では江戸の天文方から久留米侯に抱えられた『精要算法』三巻、『神壁算法』（神社仏閣の壁の算額から八十四問を集めたもの）の著者藤田貞資(さだすけ)に三年も学び、『図跡考』（寛政九年）の著のあった二宮兼善が、万里の最も心服した数学の師であった。その門下には武野算助および久留米の田中勝成や貞資の子の嘉言に学んだ杵築(きつき)藩の古原三平の二人がいた。万里・算助・三平の三人は互いに交誼も厚かったばかりでなく、数学の研究を競い合い、二宮を通して間接に藤田の影響も少なくなく、その進境も著しかった。後の『窮理通』を築き上げるのに役立った数学の知識が、上のように養われたことをここでは一応留意するにとどめて、後述にゆずろう。

　彼が多くの著書を通して、個性ゆたかな学問の扉を開いたこと、日出藩政を改革したことは、彼の生涯の大きな功業ではあったが、彼の門下から人材が輩出し

集まり来る学徒数百人

たのは偶然ではなく、全く上の教育の見事な成果といわなければならない。その門には豊前・豊後はもとより、筑前・筑後・備前・備後・長門・伊予・阿波・讃岐・和泉・若狭・越後の各地から前後数百人が笈(きゅう)を負うて集(つど)うたが、彼は人の材にはそれぞれ長所があり、その長所を捨てて、短所によるようでは、教育の効果はあがらないとみて、先ずその材の適するところを発見して、それにしたがって教育するという合理的方法をとった。

万里が実際に門弟の材器を伸ばさせようとした大きな努力は、岡松甕谷(おうこく)にオランダ書の和訳を漢訳させて、『窮理通』の仕事を手伝わせ、伊藤松太郎に洋算を学ばせて、『窮理通』における計数上の誤謬を訂正せしめようとし、野本白巌に『尹匪(いんぴ)犯疆録』四巻を評註させて、国防の方策を授け、元田竹溪をして『入学新論』の校正に当らせ、勝田季鳳に『窮理小言』を口授し、吉良子礼に経籍和訳の業を託し、米良東嶠に自分の砲術講義を漢訳させ、賀来惟熊(かくこれくま)に豊前佐田村に反射炉を築かせて大砲を鋳造させ、難波立達に『傷寒論新註』を作らせたりなどした。

読書家型と実行家型

門弟たちは米良東嶠・岡松甕谷・関蕉川・福沢百助の如き読書家型、野本白巖・元田竹溪・毛利空桑・中村栗園・船越豊浦の如き実行家型に大別されるが、師の影響を受けて、詩文に長じたもの、経術に達したもの、蘭学を修め、窮理の学に得意なもの、医学に一家をなすものというふうに、多士済々であった。

多士済々

以上は藩学教授となって、かたわら家塾を開いた時から七十四歳の時西崦精舎で発病する日までの四十七年間を、教育の事業に文字通り没頭しきった万里が、人々の賦性を知りつくした上で、用ゆべきを用い、活かすべきを活かした深い用意のあったことを語っているし、また「教授方なく人を誤まりしを愧づ」(『西崦余稿』)といった彼の詩句によっただけでも、いかに彼が骨身を削って、教育のことに心を砕いたかがうかがわれるのである。

三　文章論

『修辞通』成る（文化七年）

『肄業余稿』を万里の学究生活第一期の所産とすれば、第二期の最初の成果として、三十三歳の時の『修辞通』と『窮理通』があげられるであろう。先ず『修辞通』を中心として、万里の学問的態度ないし方法に視点を移そう。

儒者としての万里にとって、学問の道は身を立て道を行なうにあった。彼が亀井昭陽に「道のために自重せよ」といった意味も、もちろん道と学問が同一の内容であることを示唆しているし、学問は道のための学問であり、学問すなわち聖人の道にほかならなかった。

且に道は泯ぶべきなり。道を為す所以の者は、未だ嘗て泯滅（滅び無くなる）せざるなり。君子の学は将にその道を為す所以の者を修めんとす。（『西巌余稿』）

とは、彼の確固たる信念で、滅ぶべき道でなくして、未だかつて滅びなかった

文と道

「道を為す所以の者」を修めることが、彼にあっては学問の目的とされた。昔は文と道は離れなかったが、後世になって言辞を修飾し、華麗をたっとぶようになり、文は道と初めてわかれ、豪傑の士は文を賤しみ、小技となした。このように本を立てないで、ただ末のみを遂げたのは、詞賦を事とするものの罪である。これによって古文は廃れ、聖人の道は世に明らめられなくなった。道学をもってみずから任ずる者も、文字にならわない結果、学問の道に遺憾の点が少なくないという意味のこと（『蘭室先生集略』跋）を万里は述べ、文と道のわかたれないゆえんに言及している。

学問方法論の展開

このような立場から万里の学問方法論は展開されている。先ず彼は、

然れども吾邦の国をなすや教へを唐に取り、明倫治国、軍旅（軍隊）医薬、百工技芸、始めて彼邦に資らざるもの少なし。彼邦の古典は乃ち教道の在る所、苟も其の辞に通ぜずば、豈其の意を繹きて謬なきを得んや。是れ作文の

古を貴ぶ所以なり。（『修辞通』）

と力説し、さらに作文の方法、叙事の法則を実際に後進に示教するために、『井(せい)楼(ろう)纂聞』の漢訳にも着手したが、一方文の学び方を詳説した『修辞通』は、彼の体験に裏づけされた狭い意味での学問方法論でもあったし、広い意味での文章論でもあったのである。

属文の学び方

彼によれば初学者が句読(くとう)を受け、ほぼその義を解し得るようになれば、属文(しょくぶん)（作文）を学ぶべきで、属文を学ぼうとする者は、先ず西刻の和詁(わこ)のない書を読んで、久しく積習すれば、語脈の位置も理解でき、作文は西刻の書を読むことで相互に役立つようになる。文章が成熟するのを待って、数年後には広く書史を取って読めば、必ず破竹の勢いにのって、諸子百家の説は師を待たないでも明らかに理解できる。

「復文起稿」

そこで初学の作文を学ぶ者に対して、「復文起稿」という彼独自の教授法を施

すのであるが、彼の言葉をかれば、

一直写下（いっちょくしゃか）、本邦の語脈に従ふ。……その国字は尽く漢字に代塡（だいてん）し、且つ各本位に復せしめ、以て漢文を成せば、原文と比較し、誤謬を正し、以て字を用ふることを習ひ、和詁倒飛の習ひを除く。（『修辞通』）

といったような方法である。そして彼は古文、特にその文が明快であるので、多く『孟子』を使用したと述べている。これは皆川淇園の塾で実施された、

漢人ノ記事百言上下ノ文ヲトリテ、コレヲ読ミテ、其ノ読声ヲ片仮名ヲ用テ写シテ数紙トシテ、人々ニコレヲ与テ、コレニ依リテ其ノ原文ノ字数ニ合セテ、字ヲ増減シ、増減定マリテ後、原文ニ批按シテ、其ノ文字ノ中否ヲ校シ云々。（『習文録』下題言）

という「射復（しゃふく）の法」に対比せられるであろう。

「射復の法」

以上のように文を学ぶことを重要視した万里と言い、淇園と言い、当代の学者

初学者への細心の注意

たちが学習の成果を期して、いかに創意工夫をその実践方法に凝らしたかが、うかがい知られるのである。

万里は文を学ぶには先ず叙事を学ぶこと、それにはつとめて作用語（活用する語）を記すことが肝要で、実字（虚字の対。形象あるものを示した漢字）は伊藤東涯の『名物六帖』、僧蕉中の『学語編類』の如きについて検索すること、文を作る時には畳字（波濤山岳の如き）を用いないこと、議論の文は文史を渉猟（しょうりょう）すること、文辞の学は奇才があっても、多作しなければ巧みに作れないこと、古文を学ぶには、西漢以上を法とすべきであるが、諸家はそれぞれ体を異にしているから、初学者は、最初は一家をとって法とすること、時文では唐人文名のあるものを範とすること、古言に明らかであれば、俗語を学ぶ要のないこと、書数医卜、百技芸は皆家言（かげん）があり、用語は同じでも指すところは各異なっているので、これらの文を作るには、その書にしたがうべきこと等々をいちいち懇切に指摘して、初学者の方向を誤まらせないように細心の注意を払っている。

そして万里は上の方法によって、実際の指導に当ったのである。十五－六歳以上才気のすでに発達している者には、紀事百余紙、雑文三－四十首、詩二百余種をあたえ、二－三年勉強させれば、必ず小成する。中材の者はその二倍の六年、魯鈍下材の者はその三倍の九年というふうにして、それぞれ小成せしめる。八－九歳以上の者に初めて句読を授けるには、十余字程度の読み易いものを選び、それを数十回読ませ、別に小冊を作って、その知っている字に註をさせ、千字以上になれば、四子書を人から教えられなくても、みずから読めるようになると自信のほどを示している。門弟の勝田季鳳も「余は春秋二十有一、帆足先生口授する所の四書四子註、草稍就る。……三－四月輙ち業を終り、半歳余、益詩文を攻め、亦以て小成すべし」（『勝田季鳳存稿』原漢文）と帆門の教育の実績をみずから語っている。

四　経史和訳の構想

万里は学問の方法として作文の法を口舌の上ばかりでなく、実地に即して奨励したことは、『修辞通』が実践の書であって、彼の学風が実証的傾向を強めていたことを明快に証している。さらに万里は同時代の学者たちが、考え及ばなかった経史和訳の必要を痛感して、その着手を意図していたことも、独自な学風の一つの反映とも受け取られるのではなかろうか。

異色ある学風の反映

彼は経史を和訳して、人々に通暁しやすからしめると同時に、この作業に当る者は、「兵戈（へいか）騒乱の際」もまた学術に従事すべきであるという構想を練っていて、実際に門弟吉良子礼に典籍和訳の作業を嘱していた。

万里は「書の物たるや、文字を藉（か）りて以て立つ。天下の国は文を異にし、其の意を達するは一つなり。故に異邦の書を得るに及びては、苟（いやしく）も以て化を裨（たす）け民を利すべき者は、必ず訳するに其の語を以てし、写すに其の文を以てし、人をして通暁し易からしめ、以て学に便するなり」という説き出しで、現在教化が明らかでなく、人材が盛んでない因も、典籍の読み難いのに苦しんでいるからだといい、次のように若い子礼の心に強く訴えている。

吉良子礼へ嘱望

夫れ天下の人を率ひ、訳胥（訳業に従事する役人）の学を為し、積むに歳月を以てし、始めて能く成す有れど、豪傑の士固より迂として為すを肯んぜず、下愚の資も亦沮みて自ら廃するなり。上古の時漢文に因つて、之を用ふる者は、国字無きの故なり。後世国字已に作り、和語の文已に出づ。而して之を変ずる所以を知らず、因循振はざるなり。故に方今の務は有する所の典籍を以て、訳するに和語を以てし、之を邦国に布くに如くは莫し。（『帆足文集』）

このような訳を正すのは師儒の任であるが、博洽（博く遍きこと）の士にして道徳に明らかで、文辞に強く、強力倦まない者にして、初めて成し遂げられる。自分はかねてこの説を持（じ）していながら、学が浅くて、材が薄い上に、病いで世に廃しているからその任ではない。願わくは、子礼がその任に当るべきではないかといっている。これは主命で江戸に上る子礼に送った激励の言葉であると同時に、万里の夢が子礼に託されていたことを物語る好個の資料でもある。不幸にも子礼は、師の学問的企図を果さないまま、文政六年三月三十歳の若さで死んだ。

哀鴻（あいこう）（悲しむ雁に似た大きな水鳥）薄暮に起ちて相呼ぶ、
豈耐（あにた）へんや、悲しみを含みて坐隅（ざぐう）に向ふべけん。（『帆足文集』）

砕け散った夢

と万里が嘱望した弟子を哀痛する情は、彼の夢もあたら砕け散ったという痛恨とともに、ひとしお激しさを加えている。

天保年代漢籍の和訳によって、学問の摂取を容易ならしめようとする考え方は、明治の初年西周（あまね）が、

西周の主張

若し山陽先生実に真理を知るの人なるときは、其著はす所の書籍なとは和文

を以て書すへきに、何故にか徒らに苦しむて漢文を以て記せしや。……若し和文を〔以て〕するときは広く万民に遍ふ(ママ)して、其益大なるべし。我国以来文章を書く、苟(いやしく)も和文を〔以て〕せさるへからず。(『西周全集』一巻)

と述べたことによって、万里の先見の明がいよいよ立証されたかのようである。

第四　西洋科学探究の時代

一　科学知識への模索

西洋科学との最初の接触

梅園・万里の間に介在して、少壮時代西洋科学に関心を示し、後年有用の学であることを覚って、「志ある人」をその方面に求めた脇愚山は、文化七年二月万里の『窮理通』(初稿)に序して、窮理の事業の容易でないことを説いて、「姑(しばら)く是に似て真に近き者に従はば可ならん」(原漢文)といって、必ずしもその説を全幅的に承認していなかった。万里もまた「余は少(わか)くして窮理の説を好み」とか、「吾儕(わがせい)已(すで)に窮理の学を嗜(この)む」とかといっているところから、彼が入手した『暦象新書』の如き二－三の訳書を通して、曲りなりにも西洋科学の実体に初めて触れて、異常な関心を持ち始めた年代は確められないが、愚山が序を書いた『窮理通』（初稿）成立の文化七年（一八一〇）以前の万里の三十歳前後のことであったであろう。

ともかく年来梅園の「古来不伝の学」に心をひかれていた一方、新興の西洋科学の強い刺激を受けた彼は、矢も楯もたまらなくなって新しい学問の分野を開拓しようとする意欲に燃え立ったに違いない。この時期の万里は森田思軒が「漢学者の其の説を伝へ聞きて或は之に随従する窮理通の著者帆足西崦の如きもの」（『山陽と其時代』）といった評語が、あるいは適中していたのかもしれない。

未知の学問の世界へ

当時すでに医学・本草・天文・暦学を主流とした蘭学（板沢武雄『日蘭文化交渉史の研究』によれば、オランダ語によって摂取した西洋の科学）が、この国に移植されて、万里の思想を発芽させるために準備されていた。そして彼はオランダ語を修得しないまま訳書にたよって、大胆にも未知の学問の世界へ探究の足を踏み入れた。そうした産物が文化七年に書き上げられた『窮理通』（初稿）であった。もちろんその成立上不備の点を含んでいたことも否めない事実であった。

『窮理通』初稿の破棄

しかし万里は自著に誤謬が多々あることを強く反省して、天保七年（一八三六）三月と明記された自序で、「余の壮、窮理通数万言を著はす。……已にして其紕謬多きを以て、之を毀つ」といったように、惜しげもなく破棄してしまった。この学者的良心は、三浦梅園が少壮時から「歯は之れが為に豁しく、髪は之れが為に禿げ」（『三浦梅園書簡集』）といったほどに惨憺たる苦心を重ねて、二十三年間に『玄語』の旧稿全部を三回棄て、二十三回も書き換えたのにも比せられるであろう。

それでは何が誤謬の発見の端緒であったのか。もちろん「四十余にして西籍を得て」、西洋科学の精神に直接触れるようになった文政の初年からは、自力で正否を取捨し、是非を判断する確かな眼識が養われていたからでもある。しかし天保十二年と推定される古原三平宛の書簡に、「矢野子抔にも為見申候処、誤而已にて、其後反故に成候得共……」（『帆足万里書簡集』）という文言があるので、梅園の晩年の

矢野毅卿らの示教

堀源助

弟子で、『条理余譚』を著わした杵築藩の矢野哲三郎（毅卿）らの示教によったことが示唆されている。万里と五歳年長の矢野との間には、窮理の学を問題にして、度々書信のやり取りがあって、互いに啓発し合ったようである。いつの年かは確かめられないが、二月九日の日付のある矢野から万里への書簡（著者所蔵）のなかでも、ある天文学上の計数のことで大坂の間氏に尋ねてはどうかと答えており、大坂に修行しにいっていた岡藩の天学家堀源助が訪ねて来て談論したことや、自分は『暦象考成』を写しかけており、ラランド暦書を筆写するつもりであることや、源助が間氏の門人であるので秘書でも手に入れば間に合わせたいことや、先ごろ長崎に西洋船が二隻入港したから奇書などあるかもしれないので、長崎あたりに問い合わせてみたいことなどを述べている。

万里が折角書き上げた最初の『窮理通』を破棄したことは、窮理の学に対して熱意を失ったどころか、いよいよ真剣にそれの追究に精力を注がせる重要な転機

『窮理小言』成る（文化十四年）

となった。文化十四年ニュートンの弟子ジョン゠ケール John Keill の天文書のオランダ語訳を土台とした志筑忠雄（中野柳圃）の『暦象新書』（享和二年一八〇二）を資料に用いて、門人勝田季鳳らに口述筆録させた初学入門の書『窮理小言』（帝国学士院編『和算図書目録』に記載）は、その熱意の再燃とみるべきであろう。

以上は彼が西洋科学を模索した時代に当っていて、恐らく彼はオランダ語を修得しないで、その学に近づくことの難渋を心底から体験し、語学力を養うことの急務を痛感したことであったであろう。

二　オランダ語の独学

当時『蘭学楷梯』（天明八年）も、『波留麻和解』（寛政八年）も上梓されていたのはもちろん、文化八年（一八一一）幕府天文方に「蛮書和解御用」の一局が設けられるなど、蘭学研究の盛り上る機運の真只中で、「其勤勉剛毅は常人の及ばざる」（『日本洋学年表』）万里の新知識への探究心が動かないわけがなく、彼の生まれる七年前の明和八年（一七七一）三月四日、「いかにもして通詞等の手をからず、読み分けたきもの」と思い、『ターフェル＝アナトミア』の翻訳に「憤然として志を立」てた『蘭学事始』の諸先覚にも劣らない発奮の志が、彼にも勃然と湧き起ったに違いない。

万里は三十六―七歳（文化十―十一年）の時から医学の研究に取り掛ったことを回想して、「其時已（すでに）十年ノ歳月ヲ経テ余モ少々宛ハ蘭書ヲ読ミタリ」（『医学啓蒙発題』）といっていることから、彼がオランダ語独学に初めて手をつけたのは、佐久間象山が学び始めた三十四歳より遅く四十歳を過ぎてからであった。そして文政六―七年の四十六―七歳の時には、相当の読解力をそなえていたようで、「蘭学モアベセヨリ習ヘバ才敏ノ人モ四―五年モカカラネバ読習ワヌ也」（『医学啓蒙発題』）と告白しているのも、恐らく自分の体験からの発言であったであろう。

四十過ぎで蘭語の独修

門弟の日野鼎哉（ていさい）や賀来（かく）佐（すけ）一郎がシーボルトに、勝田季鳳が藤林普山に、佐野柿（し）

園が藤井方亭にそれぞれ就いてはいたが、万里は宇田川・桂川・稲村・箕作等のいかなる蘭学の諸流派とも交渉なく、豊後の片田舎で、『訳鍵』（文化七年一八一〇）や『波留麻和解』（文化十三年一八一六）のような完全とはいえない蘭和辞書を主要な手引として、蘭学への道を切り開こうとした。それは痛ましいまでに孤高の姿勢を持ちつづけた努力であった。その状況を彼自身の言葉で書き綴れば、

『訳鍵』が主な手引

四十余にして西籍を得て、之れを読む。寒郷善師無きに苦しみ、唯訳語に就きて捜索し、意倦めば則ち止む。六－七年を積み、稍其の義に通ずることを得たり。（自序）

賀来飛霞の手紙

本草学者として知られた賀来飛霞が、同門の吉岡泰珉の質問に答えた書簡（著者蔵）は、上の事実を証する一つの資料とするに足るであろう。飛霞は万里の洋学が藤林普山の『訳鍵』を使って独修上達したこと、中村敬宇が『独和辞書』の序で、万里の独学を賞揚していること、勝田季鳳が普山に就いたのは文政年間で、彼は

早世し、万里の洋学は季鳳と何の関係もなかったこと、その当時豊後には一人の洋学者もいなかったし、洋籍も入手し難く、長崎から取寄せては読み、読み終われば、返すか、売り払うかして、新しく買い求めるといった実状を述べている。

中村正直の賛辞

ところで中村正直が序したのは、金子直行纂訳『訂訳増補独和辞書』（明治十八年六月伊藤誠之堂出版）であった。彼は明治十八年二月の日付で、次のように記している。

余即ち曰く、中年以後の人尤も宜しく他邦の語を学び、他邦の書に通ずべし。蓋し中年に至れば、則ち識見漸く高く、閲歴日に深し。此れ皆以て学問の資と為すべく、故にその進歩の速、或ひは少年に及ばずと雖も、而も学成るの後精深牢固、即ち之れに過ぐ。……吾邦の帆足万里は四十以後、訳鍵一部に由りて蘭書に通じ、佐久間象山は三十五にして始めて蘭語を学ぶ。凡そ此の類の如し。（原漢文）

三　江戸の蘭学界

万里は江戸を中心として官学化した蘭学のどの流派とも全く交渉がなく、隔絶された豊後の僻地で、ただ独りわが道をゆく独学者に過ぎなかったことは、前述の通りである。かつて井上哲次郎が経学者としての万里に独立学派（『近世日本の儒学』総論）の名をあたえたように、蘭学の面においても彼は言葉通りの独立学派であった。

蘭学の独立学派

しかしそれにもかかわらず、彼は一筋の糸によって江戸の蘭学につながっていた。その一筋の糸になったのは、蘭学研究を志して、豊後杵築から江戸に上った佐野柿園（しえん）であったし、江戸の蘭学者は宇田川玄真（榛斎）門下の藤井方亭であった。

佐野柿園の報告

文政五年十月江戸に出て、巣鴨に仮住いした二十六歳の柿園は、その年の暮、当時彼の眼に映じたままの江戸蘭学界の状況をつぶさに師に報告した。その書信は「帆足愚亭先生に呈するの書」の題下に、『洞達亭遺稿』（昭和八年）に収められているが、

日本蘭学発達史の秘められた一史料

これこそ日本蘭学発達史の秘められた一史料とみるべきで、特に注目すべきことは、藤井方亭というつねに宇田川の陰になっていた地味な蘭学者と、彼が自分に施した学習方法を世に紹介していることである。

柿園の師藤井方亭

以下柿園の書信をたどれば、上京早々馬場佐十郎門人で、『種痘新論』(文化十一年)を著わした浅草の蘭法医桑田玄真から巣鴨の加賀侯藩邸にいた藤井方亭に紹介された。方亭は伊勢奄芸(あんき)郡の出身で、当年四十八歳、三十五歳の文化六年師の宇田川榛斎のすすめで、加賀侯侍医(俸三十口)となった人で、才気は藤林諄道にまさり、学識は同じぐらいで、教授法は藤林氏語法解と大同小異、訳をつけないで、考拠させる法によっている。彼は十九歳で江戸に出て、最初宇田川玄随(槐園)、後に榛斎について学び、『医範提綱筆記』を作り、さらに師の校註した『重訂増補内科撰要』(文政五年)を増補重訂した。

さて江戸の蘭学は馬場轂里(こくり)の上京以来、榛斎・方亭・立啓・林宗が互いに競っ

江戸に窮理学者なし

て研究し、進歩も著しかった。蘭学の大立者轂里は去る七月に死去したので、彼に代わる者は多分長崎の吉雄碌二郎（忠次郎か）であろうか。榛斎の子榕庵が『遠西名物考』を校訂した一本を方亭の新塾で見たが、その序で『医範提綱』と『銅版図』は内景を、『重訂撰要』は病因を、『薬鏡』および『名物考』は、薬物をそれぞれ説き示したものであるとして、性功を論じ、形状を弁じ、精緻を極めていることを知った。このように宇田川三代の蘭学の功績は認められるが、門人は数人に過ぎなく、自分には江戸の蘭学がそれほど隆盛とは思われない。当時の三大家と称する榛斎・方亭・林宗は訳読をこととして、窮理の研究を好まないので、轂里の死後、窮理学家がいない現状で、たといいたにしても『暦象新書』を理解できる者は少ない。今自分は同郷の友人山田猫巖と一緒に、方亭から接音および藤林普山が分類した性言・名言・代言・活言・分言・添言・接言・上言・感言の九等語格を学んでいる、と。

これらの幾つかの関心をそそる問題を含んでいる柿園の報告に接した万里は、その翌年の文政六年早々に、

承はれば方亭先生に従ひて蘭訳を受くと、甚だ善し。近訳何れかの書著の脱藁有るやを知らず、寄示するに吝なかれ。（『帆足万里書簡集』原漢文）

と返書を送った。四十五歳の万里はその当時の蘭学者たちとその仕事を知り、殊に江戸に一人の窮理学者なしの報に意を強くし、彼に待つあるを自覚し、さらに一段と窮理の研鑽を進めようとわが心に固く誓ったに相違ない。

一段の奮発

四　独自の勉強振り

万里のオランダ語の読み方は、発音正しく読む長崎流ではなく、発音より訳解を重視した緒方流に近かったが、洪庵は万里より十年おくれて出ているから、彼の読み方こそ、緒方流に先んじていた。このように自己流に徹したオランダ語の

万里流

勉学振りは、彼がただの蘭学師でなく、儒者にして窮理学者であるというはっきりした自覚があったからでもあろう。若しこの場合万里流という言葉を使うことが許されるならば、その言葉にこそ、あらゆる不利な諸条件を克服して、新しい学問の領域を開こうとした彼の異常な熱意と努力がこもっていたのではなかろうか。しかも彼はただの閑居読書の人ではなく、藩学ならびに家塾では多数の門弟相手に儒学を初め、窮理・医学・算数と多方面にわたって教授するかたわら、藩への奉公で、身辺多事を極めていたことを忘れてはならない。

岡研介から蘭書を借りる

「岡見介(ママ)に蘭書を借るを謝す」(『帆足文集』)の五言律は、研介から蘭書を借覧したことを語っている。門人勝田安石が下関で研介に師事したことがあったから、安石の手を経たのであったか、あるいは長崎に遊学していた弟子の賀来佐一郎が、吉雄耕牛の三男権之助(如淵)の塾で文政七年研介と同門であったことから、佐一郎の仲介によったかであろうと推定されないでもない。いずれにしても、文化七年から天保元年までの間のことである。「劇職休暇少なし」とか「属(このごろ)或ひは蘭書一巻を借覧し、渉猟相還に当る。故に未だ周覧に遑(いとま)あらざるなり」とかいっているのをみれば、研介から借りたのは、天保二〜六年の家老時代のことであったのかもしれない。とにかくこれは万里にとって蘭書の借覧がこと珍しいことではなかったという一つの例証である。

『ハルマ』の購入

また彼の書簡に『巴爾麻(ハルマ)字引』を五両で購入したことや、大坂在住の門人へ七両で蘭書の売却方を託し、知人に何書でもいいから、蘭書一冊の借覧を申し込み、暇ができたら読みたいし、二―三年内に金の工面がついたら、求めたいなどの文言が見出される。当時蘭書が稀少な上、例えば時代は多少新しいが、阿波藩の算

稀少で高価な蘭書

家で暦術家の小出長十郎(兼政)が嘉永三年舶載のラランドの書が、長崎の質屋高見和兵衛方にあることを耳にして、わざわざ長崎に出向き、十五両を十両に値引きさせて買った話(日本学士院『明治前日本数学史』五巻)があるように、蘭書が高価であったから、希望の

蘭書の入手も、なかなか意に任せられなかった。

万里の座右には、彼が反復して読んだと伝えられる『臘蘭垤（ラランド）天文志』の和訳名で知られたオランダ語訳本八巻、『訳鍵』二巻、使いふるした算盤があった。それらは、いかにも清貧に甘んじて、研究を積み重ねた万里の学問の地味ではあるが、充実しきった性格を象徴的に語っているかのようである。

『ラランド天文志』の入手

『窮理通』の資料となったオランダ語の科学書は、『臘蘭垤天文志』『繆仙武（ミュツセンブ）羅骨（ルーク）窮理説』『味爾垤奴（ウイルデノ）本草説』等十三種に及んでいるが、そのうちの『ラランド』は先の『明治前日本数学史』（巻五）によれば、「当時ラランデの書は我邦に舶載せるもの極めて少なく、幕府天台の外には京都の堤家・戸田家に各一部、九州豊後の帆足万里に一部あり」といわれたほど貴重視されたもので、その一部を彼が秘蔵していたのである。それは門弟米良子篤（東崎の弟）から贈られたようで、「往（さき）に恵まれし所の蘭垤書は則ち天を説くの言を蒐羅（しゅうら）せざるなし」（『帆足文集』）と子篤に答え

蔵書家でない読書家

『ラランド天文志』オランダ書（万里手沢本）
（日出町万里図書館蔵）

ている。今日『ラランド』の手沢本しか遺っていないことから、恐らく他の書は借りたものか、または売っては買いして、手許に永く留め得なかった事情があったのではないかと推測される。すなわち彼は蔵書のない読書家であったのである。

万里の門下には医家志望の者が多かった。シーボルトの最初の渡来の文政六年（一八二三）から帰国した文政十二年（一八二九）の六年間に、彼の門からシーボルトに学んだ賀来佐一郎・日野鼎哉（ていさい）・佐野鶴溪・宇都宮達山（きざん）らは、彼が稀少の蘭書を入手して、新しい科学知識をわがものにし得たことと密接に連係していたに違いない。

長崎に向けられた眼

繁忙な身であった万里は、梅園の如く長崎を訪れられなかったが、彼の眼はつねに長崎に向けられていた。彼は『暦象新書』訳がなされ、『和蘭文典』が著わされ、『長崎ハルマ』が出され、杉田玄白・大槻玄沢・司馬江漢・平賀鳩渓・橘南谿（なんけい）らが踵（きびす）を接して訪れた長崎を知っていた。それゆえ文政十年前後、長崎遊学中の阿波撫養（むや）出身の前川秀才（文蔵）へ手簡を送った。その文面を摘要すれば、

往年仏郎察（フランス）人勃那発魯的（ボナベルト）西洋を略定し、成るに垂（なんな）んとして敗る。嚮（さき）に人に託して蘭書其の事を記す者を求むれど、終（つい）に得べからず。聞くならく長崎に訳本有りと。賢を煩はし一通を写さんことを欲す。若し交遊中、蔵する者有らば、借出して寄せらるれば尤も佳なり。看了（みおわ）らば帰納は必ず淹滞（えんたい）を致さず。
（『西崦余稿』）

それまでナポレオンについて多少の予備知識を持っていたに違いなかった万里

ナポレオン関係文書を詮索

は、ナポレオン関係の文書をしきりに求めたがって、前川への前記の依頼となったのであるが、前川の骨折りで、万里が心躍らして受け取った『勃奈八児的記事』と題する書は、彼にいわすれば、略してはいるが、その概を知る程度のものであったらしい。

とにかく万里はナポレオンについて一応の知識を得ただけでは満足しないで、できるならば訳書でなく、「蘭人が吉雄訳師に与へし書」を原書で読みたいと、前川に返信している。吉雄がオランダ人から入手したナポレオン関係書が、果して誰の原著で、どのようなものであったかは、確かめ得ようもない。しかし想像を逞しうすれば、吉雄の名があることから、「たまたまシーボルトが『ナポレオン戦記』を持参した」（岡村千曳『紅毛文化史話』）のを受けた高橋景保が、青地林宗・吉雄忠次郎に翻訳させ、後の吉田松陰も留意した『ペレアリアンセ戦記』ではなかったろうか。

山陽の「仏郎王歌」

頼山陽の「仏郎王歌」は、

何をか料らん大雪は平地にして一丈強
王馬八千凍りて且僵る
運路は梗塞して望むべからず
馬肉の方寸日に糧に充つ（原漢文）

という一八一二年九月ロシア遠征に、五十万以上の兵を失った惨澹たる敗走の状況をうたっている。これは文政元年長崎に遊んだ山陽が、はからずもナポレオン敗退の陣中に在って、みずから死馬の肉を食って、九死に一生を得たオランダ人医師から直接聞いて、作った詩で、事実彼が長崎に遊ばなければ、その作は生まれなかったであろう。それゆえ津田左右吉博士も「山陽がナポレオン没落の三年後に早く仏朗王歌を作り得たのも、長崎のおかげである」（『文学に現はれたる国民思想の研究』四巻）といっているのである。

「山陽の漠然風を捕ふるが如き仏郎王歌」（『山陽と其時代』）といった思軒の評語がぴっ

確実な資料に基づく認識

たり当っているように、山陽の鋭敏な詩人的感性がエピソードを即興的な巧みさでとらえたのと極めて対照的に、確実な資料から事実の本質を知った万里は、

又烏合の衆を挙げ、遠く出でて利を争ふは、是れ皆兵家の忌む所、宜なるかな、其の一敗地に塗れしは。彼豈韜略（戦いの駆引き）に於て未だ講ぜざるものあり。（『帆足文集』）

といって、一種鋭い批判をこめている。

門弟・知友たちの奔走

要するに、僻遠の地にいながら万里がその当時において求め得られた範囲のオランダ書を渉猟して、西洋科学に眼を開き、世界の情勢に通ずるようになったのも、決して偶然ではなかった。彼自身の意欲もさりながら、彼の学問的努力の背後には、師のためにオランダ諸書を探し出すことに、懸命に奔走した門弟・知友たちのいたことを忘れてはならないであろう。前記の前川もその一人であった。

第五　藩執政の時代

一　出　廬

思想の円熟期

藩学教授となって、学問の指導者としての声名を高めた三十年近くが経過し、万里はこれからいよいよ本格的な仕事にかかろうとする思想の円熟期に達した。例えていえば、渠（ほり）はすでに成り、今はまさに水の到るを待つばかりの時期である。ところが思いがけなく、年来の学究生活を心ならずも中断せざるを得ない生涯の一転機が来た。それというのは財政危機に見舞われた日出藩の逼迫した内情が、彼をいつまでも一儒生に留めておかなかったことである。

十三代木下俊敦は藩政改革の断行を彼の政治的手腕に期待し、彼の出廬（しゅつろ）を再三

ついに出廬

勧めて止まなかった。藩主自身彼をその廬に訪うての懇請は、ついに彼をして一身の利害をよそに、藩のために起ち上らしめた。彼が「亦弊邦、人無きを以て乏しきを承け員に備ふ」（『文集』）といったのは、天保三年五十五歳の時であった。

万里はこれより先、文政十年武頭格（ものがしら）、天保二年加判（執政の職に加わること）に列し、幾らか藩政の枢機に参与した形ではあったが、いよいよ今度は「吾儕（わがせい）虚名を以て亟（しばしば）顕任に居り、責望極めて重く、日に恐懼を益（ま）す」とか、「去歳の登抜（とうばつ）、実に意外に出づ、任重く途遠し」（『文集』）とかと、信頼する一―二の門人に打ち明けているように、それこそ重責を一身にひしひしと感じて、実際にその政治的手腕を藩政再建に試みることになった。彼はこの時以来藩外の門生を謝絶し、筑前亀井の門に送り、藩学は米良東嶠（めらとうきょう）に代理させた。彼の学究生活の第二期は、ここでひとまず終った。

二　山田方谷の傾倒

丸川松隠

「案を拍って奇を称」した山田方谷

春日潜庵

家老となった天保三年は万里の生涯を劃する重要な年であったが、この年に京都遊学中の山田方谷がはるばると教えを請うて来たことも見逃されない。

備中松山藩の方谷は八―九歳の時から同国新見の丸川松隠（千秋）に学んだ。彼が万里を知った径路は、懐徳堂で脇愚山と同学の友であった師の松隠を通じて愚山の文を読み、さらにそれに附された万里の題跋の文を読んだからである。二十八歳の方谷は「毎読愕然として驚服、案（机）を拍つて奇を称す」というほどに、深い感銘を受けた。そしてちょうどそのころ京都で、万里の弟子の小川某に遇い、彼を介して、身は東に在っても、心は西に飛ばないことがないという切々たる思いをこめた長文の書を万里に寄せた。すなわちそれは春日潜庵をして、「文章は着実を尚ぶ、余此篇を読み、三復措かず」（『山田方谷全集』一冊）といわしめた「与ニ帆足鵬卿一書」である。「書中頗ル先生当時ノ心術ヲ窺フニ足ルモノアリ」（山田準『方谷先生年譜』）といわれるように、方谷研究の立場から重要な文献であることはいうまでもなく、他方万里研究の側にとっても、方谷がどのような反応の仕方で、万里を受け止めていたかが察しられるのである。

万里の復書なし

方谷は洛閩（程朱学派の称）の教えから漢唐諸儒の言を経て、近世諸儒復古の説まで究めてみたが、いずれも自分の心を安んずるに足らなかったという自己の修学の経験を語り、諸名家の説はその是を是とし、その非を非とするだけで、信じたくても、信じられなかったという学問上の煩悶を訴え、今日の学でその失を易むべきは果して何物か、その害を除く方由とはどんなことか、いわゆる窮理と宋儒の所説との異同はどのようなものか、等々の問いを質した後で、

幸ひに先覚の指揮に頼り、生路（生存の路）を開示せば、則ち十駕（凡庸の人もつとめてやまねば成功するの喩）の功、将に力を展ぶる所有らん。（『山田方谷全集』原漢文）

とまでいっているのであるから、このひたむきな後進の真情にほだされない万里ではなかったであろう。それでも万里の復書がどこにも存していないのは不思議

である。

仁斎と徂徠

未知の間であったが、晩年の伊藤仁斎に、江戸から少壮客気の荻生徂徠は、「嗚呼、茫茫たる海内、豪傑幾何ぞ」といった調子の熱気を帯びた質疑の状を送った。仁斎は「独り先生に嚮ふ」といった徂徠に対して、返事を書かずじまいであった。万里と方谷の関係も、ほぼ同様の経過をたどった。しかし方谷は、仁斎の復書を一年待って得られなかった徂徠が、『蘐園随筆』(正徳四年)において仁斎攻撃に熱中したようなことはしなかった。

とにかく万里の返書はなくても、青年期の方谷が万里に書を呈した心情を読み取るだけで、後者が前者にあたえた影響は、十分語られている。

草野の小民をみずから任じた方谷

山陽深谷の中に成長した草野の小民とみずから名乗った方谷は、後年藩学々頭・郡宰・参政と累進して、松山藩の治績を大いにあげ、さらに藩主板倉勝静が、文久二年から元治元年まで、老中として国政の中心に立つに及んで、しばしば献策するなど、政治活動の幅広さを示した点で、彼は万里の跡をたどって、むしろその上に出ていたともいえようが、両者とも実学を重んじ、前後して実際の政治の衝に当ったことでは、相似(そうじ)している。

相似した二人

三　算盤を持つ家老

社会の病弊

万里が藩制改革の大任を負って登場した時期の日出藩は、一体どのような状態にあったのか。文政・天保の時代は徳川幕府の統一的封建支配が揺らいで、不安定と破綻を露呈した時代であった。すなわち商業の発展、高利貸資本の蓄積、諸侯の財政難、農民からの生産および生活手段の収奪、農民の逃散(ちょうさん)流離、田地の荒廃、頻繁な凶荒、打ち続く大飢饉、人口の激減等は、誰しも指摘する当時の社会の病弊であった。「いずれの藩においても同じように財政難に陥り、その結果は貢租の重課となってきた。財政難の度合は藩士が領土に比べて多い所ほど甚しか

小藩の財政難

日出藩の窮状

ったようであり、また大藩より小藩ほど困難であった」（児玉幸多『近世農民生活史』）と指摘されている通り、二代木下俊治の時、試植栽培した七島藺から発展した畳表の生産が、唯一の手工業的生産に過ぎなかった二万五千石の日出藩、すなわち「御当国ハ地痩セ民貧ク……」（『改革論』）と万里がいった日出藩が、自然経済を基礎とした純封建制の解体期の大きな変動の波を蒙らないわけにはいかなかった。そのために参勤交代の旅費も不足し、江戸表では莫大な借財が生じ、公務もできないほどになり、江戸詰藩士に扶持米も渡しかね、老侯の賄料も一日一分銀と切り詰めなければならなかったという気息奄々たる窮状に陥っていた。そういう時に登場した万里であったが、彼は、

当今諸侯貧を患へざるは少し。何くの国にても御為筋・御益筋など言はぬ国はなし。然れども其国益貧しくなるなり。諸侯大小同じからねども、大抵貢賦の半を以て国用に供し、半を以て臣下を禄す。慶元の比は是にて事たりし

なり。近来諸侯多くは臣下に半祿を与へ、又三分の二を与ふ。甚しきものは三分の一を与ふ。是貢米一万石の国にて古は五千石の国用ありしもの、六千六―七百石より八千二―三百石の公用あるなり。尤も百年以来、農民怠惰にして山中など荒地出来たれど、又新田も追々出来ることとなれば、貢米格別の減はなきことなり。是徒らに金財の末を治めて其本に還らざるゆえなり。
(『東潜夫論』)

と論断して、財政難の一因を鋭く突いている。

財政難の一因を突く

学者を登用

そこで彼は第一に藩主の発言を封じ、典故に通ずる者だけを任に留め、在来の執政老臣を悉く却け、門人滝平之進(作曲家滝廉太郎の祖父)・関準平の二人を改革の事業に参画せしめた。これは彼のいう「学術ある士人」「清廉にして盗みをせぬ人」を登用するのが、治国の要務と考えていた彼の持説の実行でもあったし、また万里が二門弟に信頼をおき、期待をかけていたからでもあった。

日出藩の貴重な史料

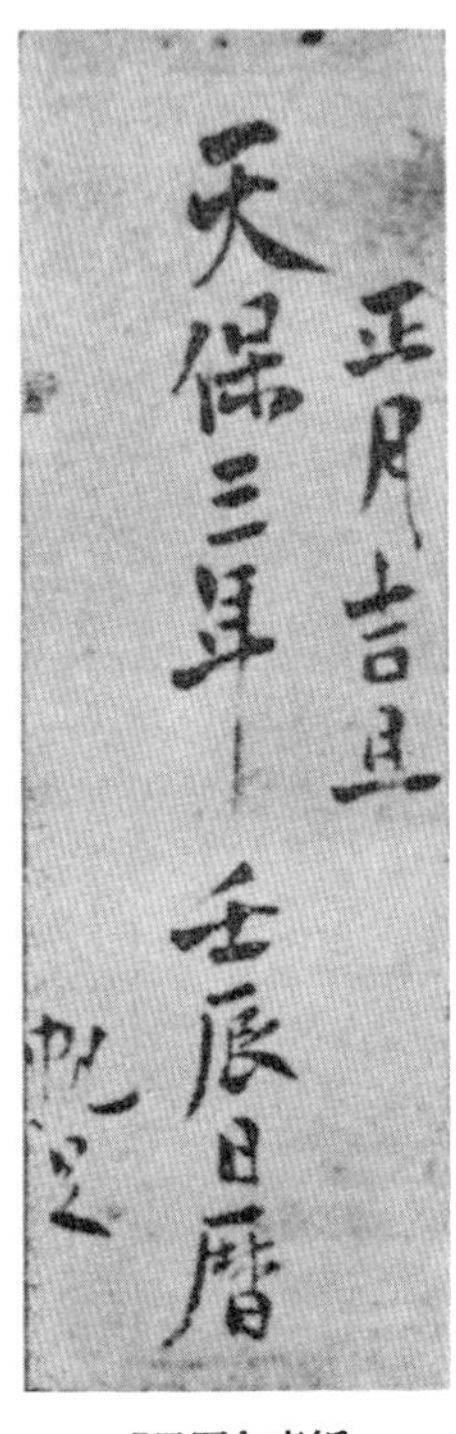

『日暦』表紙

四　日暦の語るもの

万里が家老在職中、その役目上、記した天保三年および五年の『日暦』は、故出田新氏（郷土史家）によって整理されて、『帆足万里書簡集』（昭和十三年刊）に収められている。これこそ万里が藩政改革に没頭しきった日々の姿を克明に浮彫りにしているとともに、他面日出藩政の貴重な一史料でもある。日暦は、㈠綱紀の粛正、㈡藩費の節減、㈢風俗の改善、㈣賞罰の励行、等の問題にわたっていて、彼の改革の性格をはっきり語っている。

(一)イ　御金方勤め方の数人の者に不審の点があるので、親類預けにして右親類両人ずつ御用番宅まで召し出させる。右監督の者は不行届につき退役を申し付ける。

ロ　番所を外した者、出番遅刻した者に過料鳥目（穴のあいた銭）三百文を差し出させる。

ハ　寺社・医者は別であるが、役人への歳暮・年玉を差し留める。

ニ　脇差などを抜いて喧嘩した二人の者に対して、御切米（扶持米の代りに渡す金銭）一石を取り上げる。

ホ　かねて心入れがよろしくない者に対して、小庄屋役或いは村の弁指（庄屋の下役）の役を取り上げる。

ヘ　江戸表の勤め方不都合につき御切米一石を減少。

藩費の節減

(一)イ　十二代藩主夫人の十三回忌法事米十俵を七俵に減ずる。

ロ　君公御祝い御膳を一汁三菜とする。

ハ　奥三方の旧衣を払い下げる。

ニ　横津神社の賽銭・御扇子料（扇にのせて捧げる金）、中汲麻地酒（あさじ）（日出特産の白酒）二斗四升七合、上澄（うわずみ）七升の払い下げ、旅酒運上（運送の物品に課した税）二貫四十文、一石につき百文ずつ、塩二貫六十七文、一石につき一升ずつの上納、木下侯家伝薬竜虎圓（りゅうこえん）の納金、茅（かや）七千束、藁四百〆の払い下げはすべて藩の収入に繰り入れる。

風俗の匡正

(三)イ　町方盆踊は三日間許可されるが、十三歳以上を禁じ、十三歳以下でも被（かぶり）物（もの）は一切差留める。在中は十四―五日両夜の許可で、刻限は四ッ時（十時）を限る。

ロ　御法度の天鵞絨（ビロード）襟をかけた襦袢を着用したので、過料三百文を差し出させる。

ハ　御法度の髪飾を用いたので、過料五百文を差し出させる。

ニ　御法度の紋付羽織を着用したので、過料六百匁を差し出させる。

ホ　大手外の修覆した塀其他へ落書をした者があるが、風儀の悪いことで、近在町家の者までも子供などへ篤と申し聞かせるようにし、今後役目の者は気を付け、見当り次第取締るようにする。

ヘ　三人の者宮嶋へ御抜参をしたので、過料二百文ずつ差し出させる。

ト　その他西国へ抜参りした者にも、過料鳥目五百文を差し出させる。

チ　煮売女を召し置くことを停止させる。

賞罰の励行

(四)イ　貞実に勤めたかどで、上下をあたえ、苗字御免。

ロ　出精につき加増十五石四人扶持、御給人格に取り立てる。

ハ　老年まで勤めたものに、御酒代五百文をあたえる。

ニ　亡父が篤実に勤めたので、子供が幼少ではあるが、御切米四石、二人扶持で召し抱える。

ホ　八戸六人以下四人まで米二斗、三人まで一斗五升、二人以下一斗を困窮者に施す。

ヘ　貧民三百四十四人に、御手元金の内から大麦五升ずつあたえる。

ト　豆腐が寸法に満たないので、豆腐屋に二日の追込(おいこめ)を仰せつける。

鋭く微細に徹する眼

以上は『日暦』のなかから拾い出した一部に過ぎないが、「手、算盤を執りて帳面を調べ、奸贓(かんぞう)(心悪しく官物を私する)を正し、在中飲食賄賂を止め」(家訓)るために万里の眼は鋭く、しかも豆腐の寸法に及ぶまで微細に動いていた。そこには「非を打つこと鷹の如く」(『先哲叢談』)といわれた野中兼山の如く、勇断よくその所信に徹した改革者の毅然たる姿があった。

五　実学派の本領

改革案の上書

政局の中心からみずから去った後、藩主に上書した「改革論」と、甥で後に家老になった帆足蔵人へあたえた「勤方心得書付」と、『東潜夫論』の「諸侯」篇、さらに万里と未見の間で、その詩文を万里に示した原田生なる人物に復した文章（『文集』）は、藩政改革に当った万里の抱懐する政治意見の開陳でもあれば、実際に役立った指針でもある。「此節申上候ハ、御改革ノ内ノ事深キ趣意有ル事ニテ、御当国ニ限ラズ総テ国ヲ治ルニ害アルコトニテ、後世迄モ改ガタキ箇条ニ御座候」と確信をこめて述べられた「改革論」の次の概略に目を通すだけで、いかに実情に通じた実学派の学者であったかが、肯（うなず）かれるであろう。

商人政に与ること

「商人与（あずかる）レ政（に）」　商人に士の格式をあたえ、商人が一役場を司るようになっては、第一に士の風俗を壊（やぶ）り、上の御用向も自分の商売筋の勝手のいい方に取計らい、自分の金銀の力に誇るから、商人を政にあずからしてはならない。

賂遺・饗応のこと

「賂遺（ろい）饗応」　家老以下在役人までも配下より物を貰い、諸役人が役先きで馳走を受けることは法度であるが、特にきびしくその法度を守るべきである。

倡婦のこと

「倡婦」　遊女は下町の益になっても、国の害になり、銀主突合に遊女を呼ぶのは日出大坂屋敷では四十年来始まり、江戸までその悪風が及んだが、法度の正しい国ではそのようなことはない。改正前、日出藩の財政が乱脈を極めたのも、上の事実から始まっている。

煮売屋のこと

「畢羅店」　道中筋などにはなくてならないが、日出は道中筋でもない。軽輩の少年または近在の百姓が主人の米・作物・薪など盗み出したりして、悪事に誘われることでは、遊女屋につづくものであるから、元銭を貸し、商売をかえさせたいものである。

売爵のこと

「売爵」　金銀献納によって格式を売ることほど悪事はない。格式役義は国を治める第一の道具で、忠義で役義を勤むべき者、また役義を勤めなくても、人物の立派な者に格式を遣わすべきである。貪欲で人物の悪い分限者に格式をあたえれば、忠義の人は力を落し、勤めなくなり、俗人はこれをうらやんで、人の金銀を奪い取ってまで、格式を買おうとする。百姓に格式を許せば、その格式に準じ、高役が免ぜられ、何年か経てば、元を取り返し、その後は年々その者の得分(とくぶん)になり、その分は困窮の小百姓から取立てるようになる。百姓は家筋の高下を以て、座席の順や婚姻などを専ら論ずるが、この点が百姓のよいところで、締りの付け所であるのに、金銀によって格式をあたえれば、上の締りが一番に崩れ、鼻欠牛のように索(なわ)の付け所がなくなる。

手先物のこと

「手先物」　諸役場で手先物といって、銭米を貯えることは、二—三十年来の仕来りで、その役人が自由に処理することになっているから、私用に当分差繰り使い、引負(ひきおい)（人に代って売買し、その損害などが自分の負担となること）となって、迷惑を及ぼすことがある。これは百害の元で、和漢とも立派な治世に絶えてみられないことである。

寺社営造のこと

「寺社営造」　新寺を立てるは天下の法度であるが、とかく堂塔を大きくして、愚民を欺き、檀家に強いて割り付出銀させる真宗寺は、特に民間の費えも巨額に上るから厳禁すべきである。

相撲のこと

「相撲」　在町の者で、小相撲を取る者は家業を怠り、大酒・喧嘩を好み、町村の下役人を侮り、果は馬喰となり、博奕を打ったりするので、善くないことである。また在中でも小相撲を取り歩く者は、誠の百姓になる者は一人もなく、馬喰や一荷商となり、しまいには出奔したりする。このような者を少年の頭とすれば、在中の風俗は殊のほか悪くなる。水旱の節、相撲の願を申し立てることがあるが、その場合子供に相撲を取らせるか、行司体の者に相撲十四－五人ずつもやとって来させるかすればいい。

芝居のこと

「芝居」　相撲よりは害は少ないが、庄屋どもが自分のたのしみにして、酒食の費えが甚だしく、皆村方に割り付けるから止めさせる。

衣服のこと

「衣服」　改正の節絹布を止め、紬木綿の服にしたのは、よい法である。人情は立派なものを好むから、年を経れば弛む恐れがある。藩侯初め役人どもが、皆粗服で範を示すのが第一である。

弘化二年三月上京する長公子木下俊方への長文の上書中に万里は次のように述べた。

其の君は恭倹以て下に臨み、……仁愛下に厚きの政を行ひ、……其の大夫(たいふ)は必ず貞信職を奉じ、吏士は清廉にして法を畏れ、国に盗賊の臣無く、野に凍餒(とうたい)（飢え凍えること）の民無く、風俗は淳朴、治化は隆洽(りゅうこう)（盛に行き渡る）、其の下は之れを仰ぐこと日月の如く、之れを敬ふこと神明の如く、功名は庫府に蔵し、徳教は後世に延ぶ。（『帆足文集』）

徳治主義の政治家

これによってみても、彼が藤樹や蕃山の徳治主義の流れを引く政治の理想を高く指標し、万難を排して、「租を食(は)み、税を衣(き)る」善国たらしめようとした懸命な努力を察することができる。

第六　窮理学樹立の時代

一　三度目の学究生活

三年の政治活動の後、終焉（しゅうえん）の営みを望んで、万里は天保六年二月病いを理由に、家老を辞した。「自ら田間に屏（しりぞ）きて、以て賢者の路を避けんと欲し」た彼が、辞職して「林下（りんか）に優游（ゆうゆう）（急がず せかず）以て余年を終る」ことを「分外の大幸」としたのは当然である。しかも一時休止していた学問的活動を再び取戻したことは、学問の大成を期する上からも、万里一個人にとって、「分外の大幸」であったのみでなく、笈（きゅう）を負うて四方から集まり来った学徒たちにとっても、また「分外の幸い」とされた。

再び学問的活動

天保六年五十八の時から万里にとって三度目の学究生活が始まった。深く博く蓄積されたものを体系づけて、最後の仕上げをする学者の生涯における最も生きがいのある時期に到達したのである。「復二三子の業を視る、分外の大幸なり」とも、「五月城北旧居に遷り、又朋友と相見ゆ」ともいっているのは、恐らく家塾を再開して、充実した学究生活に入ったことを示唆しているのであろう。

家塾の再開

万里のオランダ語独学のことはすでに述べた。そうしてオランダ書を通しての西洋の自然科学の探究は、「棄てて治めず」とあるように、一時中絶したが、「去歳乙未（天保六年）、疾を以て仕を致す。乃ち西籍数部を取り訳定し、繁を芟り、謬を糾し、附するに己の説を以てす。仍ち名づけて窮理通と曰ふ」（自序）とあるから、閑地に退くと同時に、『窮理通』の仕事にも取り掛かったものとみえる。その当時の心境を叙したと思われる「漫興二首」のなかにも、

騒（詩賦）を読み仍ち閲す群芳（もろもろの花）の譜、易を講じ頗る窺ふ先哲の心。

天保十三年末まで執筆しつづけた『窮理通』

あるいは、

旁行（横書き）の蛮籍頗る研尋。（『文集』）

という詩句があるので、彼が静かな学究生活に再び沈潜したことがわかる。

序文の日付の天保七年五十九歳の時に『窮理通』八巻は、ほぼ纏め上げられたと推測されるが、その巻八、諸生第八に天保十年云々の記述があり、天保十二年に書かれたと思われる書簡に、「私儀も当年窮理書拵かけ候」（『帆足万里書簡集』）と述べているように、天保七年以後も執筆はなお続けられていたし、天保十三年十一月西崦に移る直前にも、諸生に精しく読み合わせをさせているなど、彼にとっては、ほんとうの意味での完成はあり得なかった。脇愚山が旧稿『窮理通』（昭和三十四年、壺井秀生氏によって杵築において発見されたことが、同氏から報告された）に序したのが、万里三十三歳の文化七年であるから、彼が窮理学に志したのは、三十歳以前と当然考えていい。つまり藩政改革に没頭した三年間を除いて、前後三十年以上の日子とその間の精力が、『窮理通』の発想から

三十年以上の労作

大体の目鼻が付くまで、ささげられた勘定になる。その意味で、『窮理通』は三十年以上の労作であったばかりでなく、第三期の輝かしい最初の仕事となった。

『三教大意』成る（天保六年）

万里が藩老を辞した早々の二月に筆を執った『三教大意』は、その巻尾に、十年ばかり前、杵築（きつき）の浅山生から頼まれたが、自分が多事で多病であったためその約を果さなかった。今閑暇を得たので、筆を執って概略を記し、その責を塞ぐと断わり書きしているように、彼の学者的良心は、十年前果さなかった約をこうして果してもいる。その内容は儒者にして科学思想家の立場でなされた神儒仏の三教に対する深い理解に裏付けられた平明な解説である。

六十の寿

天保八年六十の寿を迎えた万里のために、門生たちは寿宴を開いた。彼はこれに対して、

兀々（ごつごつ）（勤めて休まぬさま）たり窮愁（貧乏の悩み）六十年、
頭童歯豁（しかつ）（頭は禿げ、歯は落ちる、老人の形容）竟（つい）に誰か憐れまん。

多謝す故人（旧友）先づ我に酌むを、
好みて残酔を扶（たす）け遺編を理（おさ）めん。

と賦謝（ふしゃ）しているが、絶えず肉体のか弱さをかこちつづけつつ、六十の寿を保ち、その間藩政処理の大任を果しおうし、窮理学に思索を傾け尽した師の類を絶した労苦をねぎらい、その寿の永からんことを願う子弟の純情は、彼の感動を強くゆさぶったに違いない。そうして彼は一段と勇を鼓（こ）して、さらに一生の仕事を押し進めていったのである。それらの主要な成果を年代順に記せば、

主要な学問的成果

『窮　理　通』八巻　天保十年（一八三九）
『井楼纂聞』四巻附『巌屋完節志』　天保十二年（一八四一）
『入学新論』　天保十四年（一八四三）
『東潜夫論』　弘化元年（一八四四）

『仮　名　考』　弘化四年（一八四七）
『医　学　啓　蒙』　嘉永三年（一八五〇）

二　前をゆく梅園

豊後から万里より半世紀以前に出て、その時代に相当する以上の独創的な学問的仕事を遺した三浦梅園（一七二三―一七八九）が、事実万里に少なからぬ思想的影響をあたえたことは無視できないことであり、一般的に今日まで素朴な形ではあるが、万里が梅園の思想を継承・発展させたというふうにみられている。果してそうであるかどうかは、一応万里の前を歩いた梅園の思想を探って、二人の思想的関連に照明をあてた上でのことであろう。

梅園・万里の思想的関連

梅園の思想家として特異な点は、「吾国の人は、万物を窮理する事を好まず、天文・地理の事をも好まず、浅慮短智なり」（『春波楼筆記』）といった司馬江漢の言をま

自然に重きをおいた梅園

つまでもなく、梅園以前にあっては、自然に対して驚異の念を持とうともしなかったし、自然を学問的に取り扱おうともしなかったし、またたといそのように取り扱ったところで、極めて素朴な方法でしかなかった。ところが梅園はこの自然に重きを

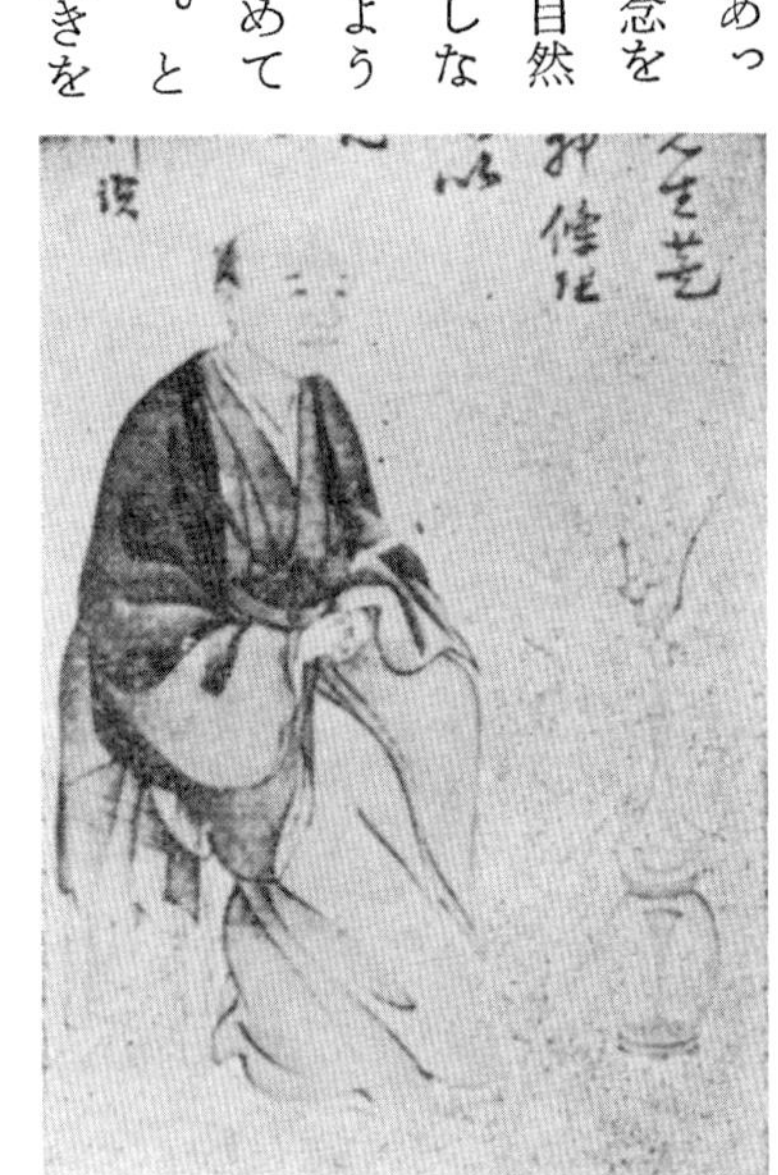

三浦梅園像

三浦梅園筆蹟
（日出町，立川亮吉氏蔵）

口、言を択ぶこと無く、
身、行を択ぶこと無し

『洞仙先生口授』

おかないという儒教の旧くから伝わって来た仕来りを打ち破って、初めて自然を理解しようとすることを、自分の学問の第一の目的として、自然に対する人間の関係をとらえる最も確実な手段に条理という考え方を導き入れた。そして自然を自分の眼で見究め、合理的にとらえようとしたのである。

梅園が初学者に学び方を説いた回想録風の講義筆記として珍重すべき『洞仙先生口授』（写本、著者蔵）の一節を引けば、

三十の年、始めて天地は気なりと心づきたり。それより、天地に条理といふ者有る事を見附けたり。気と云ふ事も、故人も云ひ、条理と云ふ事、故人も云ひたれば、珍しき事にもあらぬやうなれども、大に其の境異なりて、吾が心には、先達一人も此境には見て到る人は未だあらずと思ふは、吾が固鄙（辺鄙の地）にも有るや。それより数十年の疑団もぼつぼつとけ、……玄語を書き始めたり。右云へる如く、先達の云ふ所にもよらざれば、古人の古書を一言も引

かず、わが見る所にまかせて、書き綴りぬ。

二十三年の苦心

とある。これによって彼の主著の一つ『玄語』を、彼の言葉で「反覆して之を思ひ、沈潜して之を繹(たず)ぬ」といった思索態度で、二十三年間「心胸の病ひ」に耐えぬきながら書きつづけた動機を明らかにしているとともに、彼の思想活動の起原が、自然認識への切実な要求にあったことを語っている。

条理の発見と適用

人間は「天地を宅とし」ているから、天地こそ「学者の最も先に講ずべきこと」であって、「かく広き世の中にかく悠々の年月をかさね、かく数限りなき人の思慮を費して日夜に示して隠すことなき天地を何故に看得る人のなき」状態にあるかに疑問を抱いて、「この天地をくるめて一大疑団となしたきもの」として、未だかつてこの国で試みられなかった形而上(けいじじょう)学的宇宙論の構築に取り掛かった。すなわち一つの大いなる気の無限の変化によって、天地万物は生成発展の姿をとり、そのなかに条理があるとみて、その条理を自然認識の最も確実な法則として選んだ。

彼より約四十年前の太宰春台（一六八〇—一七四七）は、「天地ハ一大活物ニテ、……活物ノ運動スル気ナレバ、……皆神ノ所為ニテ、……聖人スラ不測（ふそく）トノタマヒ置タル事ヲ、後世ノ学者トシテ、コレヲ測（はかり）テ其理ヲ知（しら）ントスルハ、大ニ愚ナル者ナリ」（『聖学問答』）と断じて、自然認識は思いも及ばぬことのように片付けているし、本居宣長も、「天地のあひだにある事の理（ことわり）は、ただ人の浅き心にてこと〴〵しく考えつくすべきにあらず」（『石上私淑言（いそのかみささめごと）』）ときめつけて、「自然に対する無自覚或いは目的論の神秘主義」（伊東多三郎「洋学と歴史観」『本邦史学史論叢』所収）の特徴をむき出しにしている。

太宰春台の考え

本居宣長の態度

梅園は、「活物ノ運動スル気」は「神ノ所為」で「不測」の域にとどまるというような神秘主義的思考態度—コントの人間知識の発達段階による第一の神学的ないし仮空的段階—を克服して、いわゆる第二の形而上学的ないし抽象的段階に到達したといえるであろう。

第二の形而上学的ないし抽象的段階に達した梅園

このように梅園以前、自然を疑うことは蔑視ないし軽視されていて、未だかつて自然および社会のあらゆる事象は疑われたことがなかった。「人諸を古に聞き、諸を書に得れば、便ち言ふ。晋は則ち未だ全信すること能はず」(『玄語』例旨原漢文)とした梅園の鋭い合理的知性は「何故に」と自己に問いかけて、現象形態から事物の本質を飽くまで突き止め、常識化した既成概念を打破しようとした。その意味で、梅園において初めて、日本は合理的に物を考え、従来のあらゆる儒学的権威と伝統から解放された認識を求めてやまなかった強靱無比の思想家を生み出したといえるであろう。「古人の妄を排して自ら古を為し、……常に疑を発して基本を究めんとし」(『福翁百話』)といった福沢諭吉の言葉は、梅園のためにいわれたかのようである。

福沢諭吉の言葉

梅園が学友多賀墨卿に答えた書中で、

天地は我立る者にはあらず、其立ちたる者に我したがふ事に候へば、天地を全観する事も、人事を精しく察する事も、唯有る通りそのままにみるより外に細工なく候。(『梅園拾葉』)

「生れなほりて見」ること

と述べているのは、自然および社会に対する既成概念に囚われない見方の強調であった。そこで彼にとって天地を知るには、「まづ生れなほりて見」ることであり、「古人未だ条理を論ぜず、其の襲ぐべきもの無きを以て」(『行状』)、古人の書も不用であり、いかなる「古の聖賢」も結局人であって、「講求・討論の友」に過ぎなかった。もっとも彼が古人の書を無用視するまでには、「儒にても、仏にても、道家にても、天地に合ふ所は拾ひ、天地に合はざる所は棄つる」(『洞仙口授』)といい切るまでにひろく深く読み、かつ批判し、しかも「天地に達観せんとならば、書物を見る事も、砂の中にて金を選る心にて見るべし」(『洞仙口授』)の態度に徹しきった上でのことであった。

学問のもと

そこで梅園は学問の普遍的な本質を、「天地を攻究することは、誰が家の学問も、一つに帰せねばならぬなり、一つに帰して、実徴の二つと立てられぬ天地あれば、是を学問の本とすべし」（『洞仙口授』）と明確に規定し得たのである。

「反観合一」の工夫

さて梅園は形のあるものを物といい、形のないものを気といい、気が天を成し、物が地を成す、天地は形のあるもの一つ、形のないもの一つ、このほかに何も物はないというふうに自然をみて、この天地を達観する道は条理の奥の手であって、それは彼によれば、「反観合一心の執る所を捨てて徴を正に依る」（『梅園拾葉』）以外にない。梅園の解釈にしたがえば、「反観合一」は「反して一なるものあるによって、我これを反して観合せて観て其の本然を求むる」（『梅園拾葉』）こと、「心の執る所を捨て」は「習気」（習慣に従って自然に生じた気分）とか「泥み」とかいったものを離れること、「徴を正に依る」は実徴を得ること、いいかえると「天地を知る事は……只実に合ひたる所は一つよりなき程に……天地に実の徴すべきことのみ拾ふこと」（『洞仙口授』）である。したがって「天地を師と致し候は反観の工夫にて、反観の工夫熟し候へば天地になき事はしらず、幽と隔て玄と深く候とも天地にある程の事は推していたるべき事に候」（『梅園拾葉』）ということになる。こうして梅園の「大いに其の境異なる」条理学は、築き上げられて、貴重な学問的遺産となった。万里はそれに対して、どのような受け取り方をしたであろうか。

伝えられた貴重な学問的遺産

三　「条理学」から「窮理学」へ

天明五年脇愚山（二十二歳）は梅園（六十三歳）に教えを乞い、両者の親交は甚だ厚かったが、梅園の著書について、「以て振古（太古）の宿疑（古くよりの疑問）を決し、宇宙の邈（はるかなこと）を洞観（明らかに見通すこと）し、造化の秘を究捜し、錯綜を包羅（包みくるむ）し、一物を遺すことなし」と評したのは、すぐれた自然哲学者としての梅園を認めた上で、反面「吾が豊の巒山子（梅園の別号、居村の近くの二子山に由来する）条理の書密なり、而も間賾きに過ぎたるを覚え、学ぶ者探り易からず」（『窮理通』序原漢文）といって、梅園の思弁的方法の晦渋さをほのめかしてもい

あまりに思弁的な梅園

妥当な武藤長平氏の評言

る。

万里が「吾が豊の孿山先生夙に思ひを象数（暦法）に覃め、著書数十万言、陰陽の運、幽明の故、明晰せざる莫し。宋明の言に勝れること遠く甚だし」（自序）といいながらも、「立言微なりと雖も、瑕疵（欠点）無きこと能はず」の評言を下しているのは、易の伝統に深く学んで、その影響を受けていた梅園が、自然認識に対してあまりに思弁に片寄り過ぎた点を指しているのであろう。広瀬淡窓も「宋儒窮理ノ説ニ似テ少シク異ナリ」（『淡窓全集』中、儒林評）と簡単な批評を加えている。

上の諸批評を要約するかのように武藤長平氏が、

夫れ条理学なるものはその説くところ深遠にして、玄語十余万言微に入り細を穿ち深奥なる玄理の解説を試みたるもの容易にその堂にみること能はずと雖、その門を窺へばその所説支那哲学の理に基因するところ少からず。世に之を以て遠西哲理の影響なりとなすは誤れりといふべし。（『東亜之光』大正四年七月）

と論じているのは、極めて妥当である。

要するに梅園の自然哲学にみられる中国哲学的傾向は、一つには彼が西洋科学を直接の資料とするまでに、彼のために学問的環境が十分に用意されていなかったことを語っているのである。

再び長崎への旅

延享二年（一七四五）二十三歳の時梅園は長崎に旅した。安永七年（一七七八）五十六歳の時三十余年振りに八・九の二ヵ月長崎に再遊した彼は、通詞（つうじ）の吉雄耕牛・松村翠崖らに接して、種々西洋文化の知識を得たことの感激とよろこびを事細かに『帰山録』に記した。そのなかで耕牛の家で「西洋天象の図」をみて、「其字読こと能はず、身自ら学の博からざるを憾む而已（のみ）」と述懐している。延享二年には『蘭学事始』所載の如く西・吉雄・本木の長崎の三通詞が初めて横文字を学び、オランダ文書を読むことの特許を得たのが、いわゆる蘭学の創始で、その時以来蘭学を通して科学としてでなく、個々別々の資料が次第にわが国へ移入・摂取されていった時代に、上のように梅園は長崎の空気を吸ったが、原書を通して「西洋の学」を究めるまでにはなっていなかった。

長子黄鶴の記した『先府君孿山先生行状』（寛政二年）にも「年二十余、稍々天学の書を読み、仰観俯察、自ら其器を製し、其の象を模し、以て運転の大意を知る」（『梅園全集』原漢文）とあるが、ここで天学の書というのは『暦算全書』『暦象考成』『天経或問』『天学摘要』の如き中国天文書であったに違いない。彼はまた『暦学答問』『暦学疑問』『揆日候星紀要』『五星紀要』にまで丹念に眼を通していた。しかしそれ以外に梅園は自分より十二歳年少の麻田剛立（本姓は綾部で璋庵と号した）から天文について示教を受けていたことは、「晋（梅園の名）惟に、視の短、計の拙を以て乾象（天象）の態は一に之を子に仰ぐ。而れども旧交を棄てず、書を寄する毎に晋の蒙を啓くあり」（『梅園文集』原漢文）という剛立へ宛てた文言でうかがえる。

万里は梅園の天文知識の不備を次のような趣旨で、やはり当時の学問的環境に

地動説によらなかった梅園

帰している。梅園は長崎で訳官に質問したが、その学に通ずる者もなく、またその頃星暦を習う者も徒らに旧説を守っているだけで、彼の考え方に役立たなかった。その書を著わす時しばしば剛立に西洋人の言い出した地動説は、理は極めて正しいが、果して推測に合するかどうかを問い合わせた。剛立の返事がないので止むを得ず旧説によって、説を立てた。その後剛立らが寛政暦を作って、初めて地動説の正当性を認めたが、先生が没してすでに久しく、返す返す残念である。そこで「洞仙先生（梅園の別号）の窮理の言は極めて正し。特に恨むらくは地星日を繞るの説を用ひざるを。蓋し先生理を析つに邃しと雖も、推歩（数えて推し計ること）の術に或ひは究めざる有り」（『肄業余稿』）と万里をして批判の言葉を吐かしめたのである。

上の批判には梅園のようなすぐれた学者でさえ、理窟に合っているのを認めながらも、観測上の疑念から地動説に対して半信半疑であったこと、彼が科学的価値のない『暦象考成』や『天経或問』を唯一の理論的根拠としなければならないような状況にあったことの示唆を含んでいる。要するに時代が梅園をして科学の経験的方法に対して十分に彼の眼を開かしめるまでになっていなかったので、「天は虚にして動き、地は実にして止る」（『玄語』原漢文）といったのも、中国天文書の「天動地静説」に傾いていたからである。「かれの自然哲学も未だ天動説の枠内にあった」（武谷三男『自然科学概論』二巻）といわれるゆえんである。

しかしその時代の状況としては、上の態度は無理もなく、却て「視の短」「計の拙」をもって、なお自然認識の要求をみたそうとした梅園の意欲をこそ、高く評価すべきであろう。

中国天文書の梅園への影響

梅園は「西洋の学入りしよりこれを実徴・実測に試みて次第に精密になれり。猶ゆくゆく開くべく覚ゆ」（『梅園拾葉』）とか、「西洋の学は能くものの理を推し極め物の性を尽す」（『帰山録』）とか、「さて天地の学は、諸国（の）諸家色々云ふて見たれども、機巧のいる者故、つまる所、諸国共に西洋の学問に仕つけられたりと見えたり」

梅園の自然科学の受け取り方

『三語』は博物窮理の書に非ず

（『洞仙口授』）とかといって、自然科学的方法に対して、徒らに眼を閉ざしたわけでもなかったが、結局「それはそれ切」のもの、「ある物を数える」ための計数的な働きしかなし得ないというふうな自然科学の受け取り方であった。「窮理を務めん事は天地の大観に於ては一助あるべし」（『帰山録』）とみたように、自然認識の補助的な役割を果すだけのもの、事物の本質についての真理に到達するための資料的価値しかないものと考えていて、その精神なり、理論なりを学び取ろうとする態度は示されなかった。その点万里が、「故に君子の西洋に取るは末技曲芸、亦雞馬の用と云ふのみ」（自序）といったのも、やはり当時西洋科学に対して、新井白石と同様に「形而下的なるもの」の価値しか認めていなかったからである。

梅園の門弟矢野毅卿が「三語（『玄語』『贅語』『敢語』）は世に所謂博物窮理の書に非ず」（『条理余譚』写本、著者蔵）と豪語した真意には、「西洋の学」から峻別された異質的な学問的性格を強調する意図がこめられていて、西洋科学と異質であってこそ、初めて「条理学」

は成り立つ可能性があること、「形而下的なるもの」の価値をでなく、事物の本質についての真理を求めようとする立場が、そこには強く表明されているようである。

万里と歴史的条件

そこで万里が梅園より半世紀余の後、世に出たことは、その半世紀が時間的な差異というよりは、物の考え方の差異の大きさを意味していた。いいかえると万里が困難な状況のもとにあっても、オランダ語が習得できて、ヨーロッパの完成に近づきつつある諸科学の資料の得られ難いなかにも、やや可能な範囲で、それらが得られたという時代に生きていたという歴史的条件は、「何故に」を問題として、結局中国哲学流に解決しようとした「条理学」から、合理主義的態度で受けいれた自然科学の知識を基礎として、「何故に」ばかりでなく、「いかに」をも重視した「窮理学」への思想の展開を際立たせ、思想的前進の一歩を示すことにもなった。

学問の契機において、万里は確かに淡窓が「帆足モ窮理ヲ好ミ、又生徒ヲ教授スルコト、三浦ノ学脈ヨリ伝フル処アリト覚ユ」（『淡窓全集』中巻、儒林評）といった程度に梅園に影響されたに違いないが、その思弁的傾向を正しく批判しつつ、一元論的な梅園学説ないし中国の「八卦（はっけ）」哲学的影響から離脱しようとする努力をつづけた後で、観察された諸事実からの帰納によって発見・確立された法則にしたがって、「其の物に徴して理見（あら）はる」一つの知識的体系を発展させようとした。「西人の陋（ろう）を笑つて」書いた最初の『窮理通』破棄から、「算数を明らめ器械を制する」ことを痛感して、筆を執った第二の『窮理通』脱稿にいたるまでの過程は、実にそのことを証している。

科学的知識体系を発展させようとした努力

四　『窮理通』の諸資料

諸家の説を引用

万里は『窮理通』のなかで、三浦梅園・貝原益軒・脇蘭室・保井（やすい）春海・麻田剛（ごう）

立・志筑柳圃、さらに渡辺崋山と深い親交があって、波瀾に富んだ悲劇の人、幡崎鼎らの所説を引用している。例えば「麻田剛立景鏡を以て月食地影の映ずる所を写し、亜細亜中央及び南極下皆隆起して、復正円に非ず。其の言に拠れば、南極下に、亦大嶋有り云々」（巻二、地球第四上）、あるいは「志筑柳圃以為へらく、土星輪は、其の属星、月の如き者、相接続して成す所、蓋し輪旋の勢に由り云々」（巻一、小界第三）といったようにである。

『窮理通』の資料となった十三部の蘭書

しかし主として四十歳ころ入手し得て、『窮理通』の資料とした諸原書は、一体どんなものであったか。『窮理通』の引用書目をあげれば、

㈠『繆仙武羅骨窮理説』（一七三九）
㈡『欠児的児地球窮理説』
㈢『某甲窮理講義』

（四）『臘蘭埡天文志』
（一七七三）
（五）『私密児曼地理志』
（一八一三）
（六）『仏郎察人繞地球一周紀行』
（七）『魯斯人東西洋紀行』
（八）『暗厄利亜人使支那記』
（九）『甫林仙地理志』（一八一七）
（一〇）『葉胼分析術録』（一八〇四―一一）
（一一）『味爾埡奴本草説』（一八一八）
（一二）『利説蘭土人身窮理説』（一八〇一）

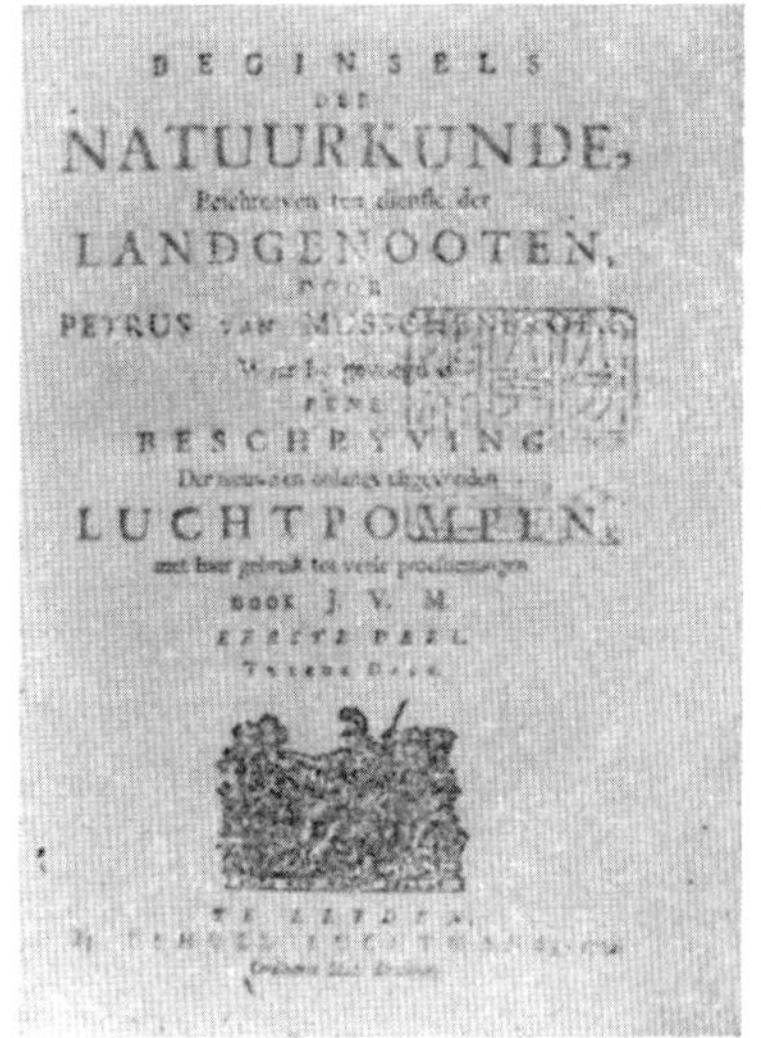

ミュッセンブルーク『窮理説』
（1739年版）扉（県立大分図書館蔵）

㈢『公斯辟爾夫病因考』

以上のオランダ語書は当時にあっては、入手し、利用し得られる限りの貴重な文献であった。

ミュッセンブルーク像
（県立大分図書館蔵）

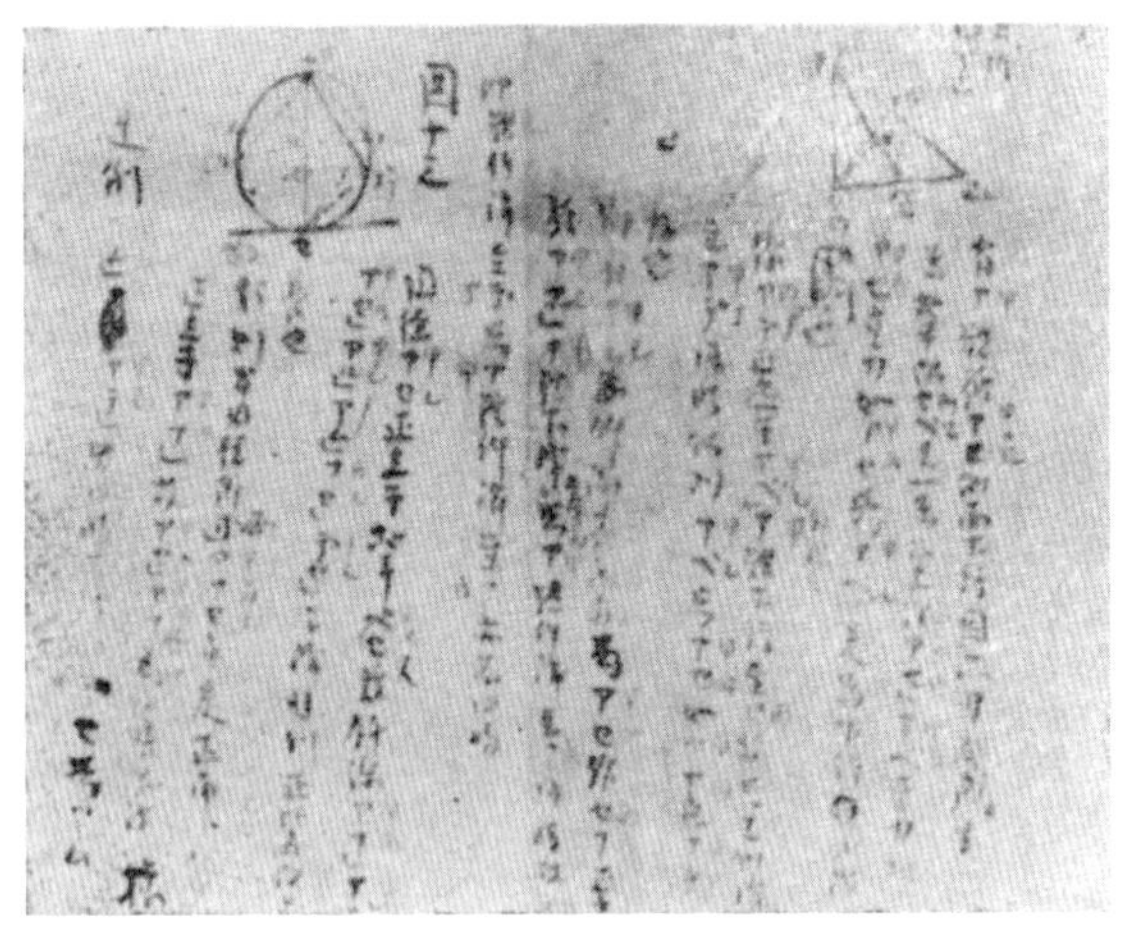

『窮　理　通』訳　稿（著者蔵）

ミュッセンブルーク

(一) 一七四六年ライデン瓶(蓄電瓶)の発明で著名なオランダの物理学者であり、ニュートンの親友でもあったミュッセンブルーク Pieter van Musschenbroek (1692―1761): Beginsels der Natuurkunde, Beschreeven ten dienste der Landgenooten, 1739. 万里の使用したのは一七三九年のライデン版で、わが国では『民用自然科学初歩』の訳名で知られている。

ラランド

ラランド像
『ラルース20世紀大百科辞典』
第4巻(1931年版)所載

(四) フランスの天文学者Joseph Jérôme de Lalande (1732―1807) Traité d'astronomie, オランダ語訳本では、Astronomia of Sterrekunde. 原著の刊行は一七六四年、万里の使用本はアムステルダム版八冊本(一七七三―八〇)である。

高橋至時(よしとき)は享和三年(一八〇三)間重富(はざま)の世話で入手して、その訳述に手を染め、長子景保・間重富の二人は協力して、『ラランデ暦書管見』の書名で、文化六年(一八〇九)その翻訳を完成した。天保十三年(一八四二)渋川景佑(かげすけ)はこれによって、天保暦を作った。

(五) スミルマン　『入学新論』にも引用されて、一八一三年の刊行と明記されている。

(九) プリンセン　小関(こぜき)三英が訳して『新撰地誌』(天保七年一八三六)、杉田玄端が訳して『地学正宗』(嘉永四年一八五一)という。原著者は **Pieter J. Prinsen.**

(一〇) イペイ　九巻ものの一八〇四―一一年のアムステルダム版、イギリスの W. Henry: Elements of Experimental Chemistry のドイツ語訳をさらにイペイがオランダ語に訳したものである。宇田川榕庵の『舎密開宗(セイミかいそう)』の原本であったことは、榕庵の学友箕作(みつくり)阮甫が同書の序で、『亜独爾布斯伊百(アドルフスエペイ)書同僚榕庵宇氏本篇を訳し、既に成る云々」といっているので、はっきりしている。また天保十三年十月二日、高島秋帆の押収された蘭書目録のなかに、『イペイ分析術書』一部九巻があった(有馬成甫『高島秋帆』)。その書名は Ypey Adolphus: Sijstematisch Handbook der Scheikunde.

ウィルデノ

(二) 三巻から成る一八一八年のアムステルダム版で、原著者名は C. L. Wildenow. 賀来佐一郎の『本草新書』はこれを原本としたもので、現在大分県日出町万里図書館に蔵されている。

リセランド

(三) 活力論 Vitalismus を唱えたパリの有名な外科医リセランド Antthelme-Balthaser Richerand (1779—1840) の生理学書で、ヨーロッパの各国語に翻訳せられた。広瀬元恭は安政三年(一八五六)『利摂蘭度人身窮理書』(三冊)と題して刊行したが、彼の題言によれば、一八〇一年に原著は出版され、元恭訳の底本はオランダの外科医越爾百許謨の訳本で、一八三六年版である。岡研介の『生機論』(天保二年)もまたリセランドに拠っているし、宇田川榕庵もまたこれを抄訳している。

コンスブルック

(四) ドイツの医家コンスブルック Consbruck の著で、青地林宗・高良斎・小関三英らが訳し、文政九年の小関の訳編は『泰西内科集成』と題され、その後彼は天保二年ごろ『西医原病略』という提要を作った。またこれによって宇田川榕庵はその遺稿に参考し、緒方洪庵はわが国最初の病理学書といわれた『病学通論』（嘉永二年）を編述した。

資料蒐集の困難な作業

　科学的真理の追究のための必須の前提条件として、できるだけ広汎に学問的資料を集積し、整理することが、最も緊要であるが、万里は「寒郷師友無く且つ家貧しく書を買ふことを得ず」といった梅園と同様、「吾儕経を講ずるの余、力、給するに暇あらず。加ふるに家、素貧（素よりの貧乏）を以て器械有る所なし。文籍も亦人より祈借し、博考する所有らんと欲するも、勢得べからず」（自序）という境涯にありながら、「幕府の蕃書調所を開きし時さへ備附の蘭書は十六冊に過ぎざりと云へば、此少数の参考書を看ることも当時にありては中々の仕事なるべし」（土屋元作『新学の先駆』）と評された通りに、この資料蒐集という困難な作業をよくなし遂げたといわなければならない。

蕃書調所にもまさる仕事

万里没後五年の安政四年(一八五七)に開設された蕃書調所が、幕府の財力をもってして、蘭書十六冊を備え付けていたのに較べて、豊後の僻地で、貧乏暮しの万里がさんざん苦労の揚句、それより時期早く十三部を蒐集して、「豈以て達する者の前に陳ぶるに足らんや」とみずから謙虚に告白しているにもかかわらず、この日本科学史上、稀な労作を仕上げたのである。

画期的な成果

「蘭学を通して儒学的な知的体系のなかに取り入れられた西洋の自然科学は、やがて天文学・気象学・物理学・化学などの各領域において分化・発展していくとともに、伝統的な知的体系の構造的な変革を準備しはじめた……」(武谷三男『自然科学概論』二巻)といわれるが、その大きな変革の口火を切ったものとして、『窮理通』は第一に指を屈せらるべきであろう。恐らく各部門にわたる十数部のオランダ語科学書の蒐集・渉猟がなければ、このような画期的な成果は、期し得られなかったに違いなかろう。

五　未定稿としての『窮理通』

邦訳から漢訳、さらに厳密な訂正

万里が上記のオランダ語科学書を自分で邦訳し、それを岡松甕谷・伊藤祐之ら数人の門人が漢訳し、さらに万里が厳密に訂正加筆して、『窮理通』編述の仕事は進められた。そのことを彼の言葉で、繰り返していい直せば、「乃ち西籍数部を取り訳定し、繁を芟り謬を糾し」（自序）ということになる。こうして一とおり脱稿した『窮理通』の原本を門弟たちに精しく照合させた上で、写本の一部を塾の教材にあて、他を自分の座右において、日夜、校正・加筆を寸時も怠らなかった。

万里は『窮理通』を世に問う意図がないわけでもなかったが、考究に考究を重ねて、六十四歳の天保十二年にいたっても、なお執筆しつづけ、いやが上にもその完璧を期して止まなかった。特に彼は和算による天文観測の計算が意に満たな

天文観測の計算訂正の意図

かったので、門弟伊藤松太郎に洋算を学ばせて、他日訂正しようとしたが、それも果し得ないままで終った。そういう意味で、天保七年『窮理通』八巻は、一応完成の形はとっていたが、

天地の大、万物の夥しきを以て、物其の故を求めんと欲す。猶燭を汪漭の野（広大な野）に乗るがごとく、其の照す所は跬歩（半歩）の間のみ。（自序）

というふうに、自然科学の探究にきびしい反省を加えていて、絶えず発展してゆく自然科学のあり方をも知っていた彼にとっては、それは一種の未定稿の如きものであった。

安政三年一部を公刊

万里没後の安政三年岡松甕谷は西崦精舎蔵版で、一巻より六巻（原本八巻のうちの三巻に該当）までを公刊したが、「同門下に異論起る。先師未定稿なり、世に公にするは先霊如何と。於レ是半成の板木は削絶の厄に係れり」と『日本洋学年表』は記載している。

亮吉から甕谷への手紙

その後かねて『窮理通』の出版を恩師の岡松甕谷に依頼していた帆足亮吉（万里の養子嗣）は、明治七年七月二十二日付で、当時まだ熊本にいた甕谷（上京は明治九年）へ宛てて書信（著者蔵）を出した。それによると学制も改革され、漢学は廃止の姿で、洋書が次々と訳出され、窮理も日に日に新しくなってゆく今日此ごろ、数十年前の著書をそのまま出しても、なかなか一般には理解されないであろうし、世間に流行することも、とても覚束ないであろうし、当時有名な福沢氏の訳述の書でさえも、ただ西洋人の糟粕（そうはく）をなめるばかりで、自己の新説が、かれを圧倒するようなこともないし、大部の『窮理通』の出版はとうてい自分の財力の及ぶところでもないから、この際『窮理通』の卓見ならびに評論のみを抜萃して、和訳出版してはいかがであろうかと、その示教を乞うた。しかし甕谷の手によっては、ついに亮吉の素志は実現されなかった。

六　西洋科学の受け取り方

力学的自然観

十八世紀前半はニュートンによって、中世紀の生体論的な物理学から機械的な物理学への移行、すなわち物質の属性と諸過程を力学的現象に還元しようとする力学的自然観という物理学的思考における最初の一大革命を経験したのであるが、この力学中心の新興自然科学の精神と方法を、当時の日本においてどの程度にとらえ、どのように受けいれたかを語る代表的著作こそ、『窮理通』であったのである。

近世自然科学の発展の事実が主要知識

大体ルネッサンス以降十九世紀前半に至る近世自然科学の発展の事実が、万里の主要な知識となっていた。

明季以来、可辟児(コペルニクス)の天を論じ、欠夫列児(ケフレル)の星を比し、波意玄斯(ホイヘンス)の下降を算し、奈端(ニュートン)の牽引を徴する。花蘂(かずい)雌雄の弁、気水分析の方、其の機械に在るや、顕

微の鏡、排気の鐘、層累生焔の柱、升降候気の管、其の学に便して智を益するは亦東方の能く及ぶ所に非ざるなり。（自序）

と述べているので、コペルニクス（一四七三―一五四三）の地動説、ケプラー（一五七一―一六三〇）の惑星運動の三法則、ホイヘンス（一六二九―九五）の物体衝突の運動法則、エーテル概念の導入、光の波動説、ニュートン（一六四二―一七二七）の万有引力の法則および運動の三法則とリンネ（一七〇七―七八）の生物分類法の体系化、ラヴォアジエ（一七四三―九四）の燃焼の理論、物質不滅の法則、ボイル（一六二七―九一）の気体に関する法則、ゲーリッケ（一六〇二―八六）の真空の実験、ガルヴァーニ（一七三七―九八）の電流の発見の如き長足の学問的進歩を認め、また望遠鏡・顕微鏡・排気ポンプ・寒暖計・気圧計・四分儀・振子時計等の科学器械の価値と効用を知っていたことはいうまでもない。

器械の価値と効用を知る

特に梅園が地動説に対して、半ば信じつつ半ば疑ったままで、彼の学問的仕事を不完全に遺したことを惜しんでやまなかった万里は、「太陽衆星の其の所を居め、

地動説の受容

地球五星の之れを繞るが如きは、近世に至りて始めて明らか」（『入学新論』原漢文）というように、地動説を厳然たる科学的事実として受け取って、彼の科学研究の出発点としていたのである。

地動説の適用

日本でも本木良永を初め、志筑（しつき）忠雄・麻田剛立・司馬江漢・山片蟠桃（ばんとう）らが地動説を主唱したが、万里も考え方にその影響を強く蒙った一人であった。例えば人体は小さな天地同様で、天地の形を知らなくては、生理のことはわからないと考えて、心臓を太陽に比し、「人身左右ノ分ヲ立テ脈行ヲ候（こう）シ、治療ノ始トナス也」（『医学啓蒙』）と説いているが如きは、『窮理通』に参考したリセランドが、日月星辰の運行は引力を本とするように、人身においては覚力・動力が本となるといった活力論を彷彿（ほうふつ）させている。

また「総て教の本は天理より出たるものなれば、先、天地の形を明かにせずばあるべからず、此世界は日輪を以て中心として、九世界此をめぐる云々」（『三教大意』）

という立場を明確に打ち出して、宇宙の構造、地球の創成から宗教の発生に説き及び、「当時天文の学精しくなりては、生るべき天といふものもなく、地の底に地獄と言ふものもなし、地球は差渡し日本道三千里許りの手鞠の如きものなり」(『三教大意』)と科学的事実の前に、愚昧な者を教化するための仏教でいう地獄・極楽の根も葉もないことを明示している。以上は万里が地動説を考え方の基本に取り入れた一―二の例証に過ぎない。

儒教的思想との関係

しかし近世封建社会にあって、儒教的教養を身につけ、しかも一時は士大夫として藩内の支配者の側に立って、封建制補強の役割を果した万里は、まだ伝統的な儒教的思想を十分に止揚しきっていたというわけにはいかなかった。「かれら(洋学者たちを指す)の思想感情とかれらの洋学知識とは決して同質化したものではなく、異質にして共在し得たものであり」(沼田次郎『幕末洋学史』)とか、「蘭学はこのような儒教的観念の上に接合された西洋科学知識の体系である」(沼田次郎『洋学伝来の歴史』)とか、「洋学もまた

厚生利用に主眼

儒学・漢学の基礎の上に立てられた儒学的教養のうちに発芽し育成を遂げたものであった」（板沢武雄『日蘭文化交渉史の研究』）とかといったような批判は、万里も免れられなかった。「当今の務は宜しく小物を明かにして、之れを用に登すべし。是れ窮理の学興す所以なり」（自序）といって、西欧の科学の現実的な実用性を偏重していることや、「厚生利用の道を立て、孝悌彝倫の教へを設け」（自序）るというような余りにも道徳的な目的を窮理学に求めていることなどが、例示されるであろう。そして文政・天保期に至って、封建制に危機が切迫し、日本の転換期が胎動し始められるにつれて、いわゆる「厚生利用」は船艦の建造、大砲の鋳造等の卑近な軍事科学技術と結び付いて来るのも、必然の成行きであった。

さらに万里が西欧の自然科学を受け入れるのにも、

学問ノ道ハ宜シク其長ヲ取テ其短ヲ舎ベキ也。故ニ余窮理通ヲ著セシニ尽ク西書ヲ訳述セシカドモ、西人ノ誤リニ至テハ改正スルモノ五－六十条、是皆西洋名家ノ説ヲ破リシナリ。（『医学啓蒙発題』）

批判の上で摂取

といって、近世自然科学を批判の上で摂取する態度を明らかにして、それに自己の見解を約百ヵ所にわたって自信深げに示している。「算数に於て或ひは未だ究めざる有り。故に測験の及ばざる所、精微の域、其言往々晦にして明かならず、欝として発せず」（自序）と「西人の学」をみた万里の学問的態度の当然の帰結でもある。そしてこれは確かに『窮理通』に先駆した『暦象新書』が、ケールの天文学説に拠っていながら、儒教的な考え方を示すような見解を盛り込んだのと照応していするようでもある。この点について、津田左右吉博士が「新来の科学の知識

津田左右吉博士の批判

をもいろいろに批評してその誤を正すといつてゐるが、その考へ方は科学的ではない」（『文学に現はれたる国民思想の研究』四巻）と批判した意味は、万里が儒学思想から完全に抜けきっていなかった視角から判断したことに対してなされたのであろう。

英米人観

「大船に乗りて世界を回り、行く先々の国を押領し、他国の人を小児の如く思

ひたる、傲慢第一の西洋人」（『三教大意』）、あるいは「亜墨利加人は浅愚にして、其の官吏は欧羅巴の農夫に比すべきなり」（『窮理通』巻之八）と評しているが如く、万里は西洋人に対してなかなかうがったことをいっている。特に日本人と西洋人の比較論は傾聴すべきであろう。日本人は「敏捷仁慈」であるが、「軽易」で持久力を欠いでいる。西洋人は「魯鈍刻薄」である一面、『日本植物誌』の著者ツンベルグを想像させるかのような「本草を治める者」が、江戸参府の途上、植物を採集して、夜間一睡もしないで分類記録し、都邑を過ぎる昼間、轎のなかで仮睡をとる生活を十数日もつづけた例をあげて、西洋人の「強力堅忍」を認めている。そのように観察した後で、彼は『窮理通』の巻末に、「東人は聰悟、其の学は簡要を尚ぶ。西人は強力、其の学は詳密を尚ぶ。学問の道は務めて其の足らざる所を修めて始めて得るなり」と結んでいる。これは「長を取りて其の短を舎つ」といった当時の知識人共通の学問に対する折衷的な態度の表明にほかならない。

折衷的な学問的態度

しかし上のように彼の学問受容の態度における「採長補短」とか「厚生利用」とかの支配的な観念は、ついに止揚されなかったものの、一方経験的・数学的方法を重視する精神の強靱さと「足らざる所」の自覚の熾烈さがなくては、『窮理通』はとうてい成立し得なかったであろう。

世界史的環境から孤立した封建鎖国制の時代に身をおいて、異質的な東西の学問の統一調和すなわち自己の知識的体系に近世自然科学の精神と方法を受けいれて、融合させようとした企図は、『窮理通』に貫かれている。したがって『窮理通』は彼の「足らざる所を修めて始めて得」られた、あるいは対立物の統一された学問的成果の一つの型を示していると同時に、当時の社会に深く根を下していた学問の免れ得なかった性格と運命を表徴している。要するに万里は当時の主流的な伝統的な儒教的思考から脱却しきっていなかった。別の言葉でいえば近代思想へと踏み越えられなかった一定の歴史的限界点にあったのである。

七 『窮理通』の構成

『窮理通』八巻は、自然科学が天文学・物理学・化学・生物学等の諸領域へ分化していくとともに、また一方では上の序列で発展していくのに照応して、原暦・大界・小界・地球・引力・大気・発気・諸生の順序で構成されているのが、際立った特色である。

西周の『百学連環』

慶応元年十二月オランダ留学から、コントの実証主義の影響を多分に受けて帰った西周（あまね）は、明治三年十一月に始めた育英舎における講義である『百学連環』を通して、諸学を一定の系列の上に体系化したが、コントを全く知らなかった万里は、西の『百学連環』の試みに先立つこと二十数年前、すでにそれと同じ性格の学問的企図を『窮理通』において示していたのである。

以下その内容を概観すれば、

一、原暦　東西の天文・星暦の起原発達を説き、中国の暦の起原を羲農の時代とし、堯の時代を経て漢の張衡、元の郭守敬によって発達せしめられたこと、西洋の暦術・天文が、ヘブライ・エジプト・シリアの諸地に発生したことを種々考証し、ギリシアにおける地球中心説（彼の言葉では静地説）・太陽中心説（静日説）を引き、ついに紀元一四〇年プトレマイオスが、地球の静止を仮定して各遊星・恒星の円運動を唱え、天文学史上プトレマイオスの時代を創ったこと、コペルニクスの地動説、観測の精確なティコ＝ブラーエのプトレマイオス・コペルニクス両説の折衷説、ティコの後を継いだケプラーによるコペルニクス説の採用を概観している。そのほか紀元前四十四年に始まり、一四一四年・一五八二年というふうに改良されて来た西洋の改暦の歴史をも述べている。

二、大界　恒星（彼の用語は経星）および銀河についての説明であるが、プラームスティードが一六七六年から一七〇五年にかけて大部の恒星目録ならびに星図を作って以後、次第に諸家によって恒星が精密に観測されるようになったと述べ、恒星の数・光度・距離・進化・速度・運動等を概説している。例えば恒星の進化では、万里はプトレマイオスの時代赤色の星で、今日淡白色なのは何故であるか、その原因を知らないと述べているのも、赤色の矮星は収縮して密度を増し、温度を高め、白色矮星になり、ついには見えなくなってしまうという学説の知られなかった時代であるからであろう。

三、小界　小界は太陽系のことであるが、地球以外の水星・金星・火星・木星・土星・ウラニユス星・彗星・月、それに日食・月食を説いている。彼は惑星(遊星)を志筑忠雄と同様緯星と呼び、もちろんその当時としては天王星・海王星・プルートー(冥王星)の如き比較的近代に発見された惑星については述べていない。ホイヘンスが土星の衛星とその環を発見したことや、彗星も太陽の周囲を周期的に楕円軌道上を運行する遊星であることや、七十五年周期のハレー彗星のことにも言い及んでいる。

四、地球、上　地球の形および大きさを主とした測地学的方面と、地球上の気候ならびにいかなる物質が地球を構成しているかという地球物理学的方面を取り上げている。地球が回転楕円をなしていて、完全な球形でないために起る現象を説明し、振子長短表・南北平度表・地球正円形冪積（べきせき）（積を探し求める）表・地球矮立円冪積表・地球矮立円南北弧広狭表・地球矮立円東西度広狭表というものをあげている。

また欧羅巴・亜細亜・亜弗利加・南北亜米利加、それに当時の言葉でいう大東洋（太平洋）中に散在する海島世界の面積および人口、赤道線・夏至線・冬至線・北極圏・南極圏等地球の表面について述べ、さらに彼の用語である初生山・第二山・第三山・第四山（火山）・海底火山というように、山岳を地質構造・侵蝕作用・氷蝕作用・火山作用によって分類し、山岳の性状を詳説し、石炭・獣骨の化石のことに及んでいる。

四、地球、下　前半は地球を構成する物質のうち岩石の解説を主とした地質学的研究とみるべきであり、後半は海水・潮流・潮汐の起る理由、水の性質の研究に割かれている。

五、引力、上　ニュートンの発見した引力の法則を中心に宇宙の創成過程を説明し、引力の法則・落体の法則についても和算式で解説している。また振子・磁石（磁気力）、万里の用語でいう虎魄（こはく）力（電気力）・燃焼等も説かれている。

五、引力、中　光学を主とした研究で、先ず光の性質を論じ、さらに「人目物を見る理」を明らかにすべきであるとして、眼球を解剖学的・生理学的観点から説明し、光の反射・屈折の法則、レンズ・プリズム・顕微鏡の原理について各種の実例によって解説している。ニュートンがプリズムによって光のスペクトル的分解を発見したことには言及しているが、光の反射および屈折の法則を証明するホイヘンスの光の波動説は、ついに取り上げられないままである。これは十八世紀の前半ではニュートン的伝統が、ホイヘンス説より有力であったということをそのまま反映しているとも考えられる。

五、引力、下　粘性・落差・挺子（てこ）・滑車・輪軸等の理を解明し、力学の理論を一々解説している。

大気

六、大気　気体に関する研究で、空気の重量・温度・圧力・密度にわたっている。特にボイルが空気の弾性を発見、「温度一定なる間は気体の圧力は容積に逆比例する。換言すれば容積と圧力との積は常数である」というボイルの法則、一名マリオットの法則を立てたことを紹介している。彼は窒素を塞質、酸素を酸質、炭酸瓦斯を炭質、水素を水質といって、空気の組成を論じ、酸素・炭酸瓦斯等の人体・生物・草木に及ぼす影響をみている。空気が音を伝える媒介物であること、音が測定し得る速度を有することも説いている。

発気

七、発気　気象学で扱う問題が種々あげられている。例えば雲・露・雨・

雪・風・虹・日月暈・蜃気楼等、大気中の水蒸気の変化により起る諸現象を考察し、風については定風・節風（季節風の意）・恣風の名称で、風の方位・速力・性質を説明している。

諸生

八、諸生　この章では万物は一種分子の造成、二種分子以上、三・四－五種の合成するものがある。また万物が聚合して形を成す二法として分析・構造がある。水の性質、草木・禽獣の形を成すものをあげているなど、万里の物質観というよりは、近代科学の達した物質観が取り上げられている。

自然科学を一体系に整理づける

『窮理通』巻一から巻八発気第七までは、自然科学を一つの体系に整理したものともみられ、諸生第八にいたって、明らかに人文科学の範疇に入るものを自然科学の序列の最後において、人類の始源、人種、さらにわが古代史の究明、東西民族性の比較、音韻等の研究が主題となっている。

サン＝シモン Saint-Simmon は未完成に終ったが、諸科学を百科全書的に総括コントの『実証哲学講義』

しようとした。オーギュスト＝コント Auguste Comte は前者に次いで『実証哲学講義』Cours de Philosophie Positive（一八三〇―四二）において数学より天文学・物理学・化学・生物学、さらに社会学にいたる実証的諸科学の排列を試みたが、これは科学の発展における形而上学的段階は、実証主義的段階に跡をゆずったという理論を提出したことである。『窮理通』も一見『実証哲学講義』の如く自然科学の百科全書的序列という十八世紀的特質を示していて、最後の「諸生」は科学の歴史的発達の段階に照応して、生物学を別にして、人種・人口・言語といったように社会科学的な分野を包括し、自然科学の領域のみに留まっていないで、科学的方法を人間現象の研究に適応しようとする意図を蔵していて、やがて幕末から明治にかけての「西洋性理之学」「経済之学」「ヒロソヒー之学」へとつながってゆく姿勢を示しているのである。特にその点が重視されて、

社会科学的分野を包括しようとする意図

近代の実証的諸科学の発達が人間社会に関する科学を添加して綜合的な学問

体系を作り上げようとする努力をやがて惹起してくる趣もまた日本において見られた。とくに帆足万里の大著『窮理通』がこれを示している。（中略）この自然科学の系列の上に人事の現象を取り扱おうとした事実は注意されなければならない。『窮理通』は近代科学の体系的な叙述として日本の『実証哲学講義』であり、そこに社会学の部門はまだ成立してはいないが、それを予感していたといえよう。（蔵内数太『社会学』）

日本の『実証哲学講義』

とさえいわれている。事実抜萃的・断片的な自然科学の理解ではなくて、諸科学を、全体的に関連づけて理解し、それらの諸認識を綜合的に組み立てた上で、自分の批判を加えた彼の歴史意識は、彼にその時代における稀有な方法論者の位地を占めさせたし、『窮理通』に近代的・啓蒙的性格を付与したのである。またそのことによって、出発において梅園学風から刺激を受けたのは事実であっても、梅園が、形而上的ないし抽象的段階に止まっていたのに、一歩を進めて、万里が

条理学と異質の学問

科学的ないし実証的段階に達していた意味で、すでにその学問は条理学とは異質の変貌を遂げていたのである。

八　自然観

自然科学がその歴史的発展において獲得し来たった自然観は、唯物論的・弁証法的自然観（自然弁証法）にほかならないが、それでは帆足万里の自然観をどのように解釈するのが、妥当であろうか。

天地の形も亦変らざる能わず

『入学新論』のなかでの「天地の形も亦変らざる能はず」といった言葉の如きは、万里が現実の自然を変化し、運動しつつあるもの、自然が固定不変なものでなく、変化・生成・消滅していくものとして理解していたこと、すなわち形而上学的自然観から弁証法的自然観への発展への意味を含んでいたし、また「以為（おも）へらく、万物形色有る者は皆人心視聴の迷謬（めいびゅう）に由（よ）つて以て生ず」といっているのも、五官に生ずる直接的感覚を基本にして、概念が構成されることを肯定しつつも、こういう感覚所与、いいかえれば主観主義によってのみ、客観的自然は認識され得ないことをも、反面示唆していると解すべきではなかろうか。

天地万物は我を待ちて有らず

さらに「天は何を以て此の生々を為すや、始めの始めと終りの終りとは得て知るべからず。是始め有る者は必ず終り有り、河漢(天の河)の外、果して何物か有りや、是れ皆人の測る能はざる所、以て人物の死生、草木の栄枯に至る、皆生々として然らしむる所と雖も、吾其の何が故なるかを知らず。其の知ること能はざる所、則ち其れ神なる所なり」(『入学新論』)にいたっては、自然認識の限界の問題に触れている。しかしその後で、「且つ天地万物は我を待ちて有らず、我則ち神識有り、以て天地万物に接す。故に謂ゆる神識は眇乎(小なるかたち)として小なりと雖も、天地万物とともに並び立つ者なり」と説いている。「天地万物は我を待ちて有らず」というのは、物質・客観が根源的・一次的であるという唯物論的立場をはっきりと示し、それ以下の文句は、意識は人間から独立に存在する客観的実在を人間の頭脳の機能が反映することによって得られるもの、脳髄と物質がなければ、観念は成立しないこと、最初に思考し得ない物質（彼の天地万物）があり、これから思考し得る人間（彼の神識）が発達したこと、物質が一般に精神の母であって、精神が物質の母でないことを鋭く指摘しているものと解される。

このような自然観から彼が「皆積歳測験の得る所」の自然科学に対して、思弁的方法より近代科学を特色づける実験的方法と数学的思惟方法を重視するようになったのも当然で、例えば彼は、

人は其の物を舎きて徒らに其の書に徴し、侵淫委靡（次第にすすみおかし振わなくなる）、愈詳にして愈謬、……吾儕已に窮理の学を嗜み、又西書を取りて之れを読む。其の解剖・図写の繊悉（微細なところまでよく行き届く）なるを観て、頗る験する所有らんことを思ふ。未だ之れを人に験する能はず、退いて之れを獣に験す。（『文集』）

獣を解剖実験

と述べて、みずから西洋の解剖図によって獣を解剖・実験して、人間に類推したことや、酒を蒸溜する蘭引（ランビキ）（オランダ語のランビックがなまって変わった）まで借用しなければならないほどに、実験機械の不備をかこったことや、「蓋シ薬効ハ人ニ験シテ知ルベシ。其後何ユエ此効アルト云フコトハ分析術ニテ徴スベシ。始ヨリ分析術ニテ薬能ヲ定ルコトハ出来ザルナリ」（『医学啓蒙発題』）といっていることなどは、いずれも経験的事実を重視している証左で、「理を先にして物を後にすれば、則ち上智も失ふ無き能はず、物を試みて言を其上に載すれば、則ち庸人（凡庸の人）も立つ所ある也」（日本学士院編『明治前日本医学史』）といった山脇東洋と見地は全く同じである。万里が「天地万物は実形のみ、実理のみ」という意味深い言葉を遺（のこ）しているのも、自然をあくまでも客観的事実として、実証的に追究認識しようとする態度を多分にほのめかしてもいる。これ以上はっきりと物を重視し、物質的な見方を強調した言葉も珍しい。自然科学における「実形・実理」を離れた思考は、結局形而上学的解釈のほかに出ないが、すでに

山脇東洋の言

それを止揚した「実形・実理」の重視こそ、唯物論的自然認識といわねばならない。

数学の必要性

さらに自然認識にとって数学の必要性については、いささか大げさな物の言い振りであるが、「夫れ天文・地理を学ばんには宜しく算数を道むべし。否ざれば則ち耕するに耒耜（鋤）無く、闘ふに兵甲無きが如し何を以てか功を就さん」（自序）といっている。「数学が自然科学から孤立して発達したといふところに、和算の一大特色がある」（小倉金之助『日本の数学』）とみられた日本の数学を自然科学の研究に実際に取り入れて、この二者の結合をみせたのは、実に『窮理通』が最初であったといえるかもしれない。

和算を自然科学の研究に取り入れる

何故といって、彼は和算によって天文観測の計算を実際に試みているからである。その後洋算によって訂正しようとしたが、これは和算家たちが深い注意をも払わなかった西洋数学の効用を知っていたからでもある。

また科学の意義・目的・方法等の見事な要約とみられる『窮理通』序文は、日

科学の性格を解明した序文

本の科学史的文献のなかでの最初の「科学の批判」ないし「科学の哲学」であったのみでなく、西欧においても科学の批判が十九世紀後半に発展したことと照らし合わして、その種の先駆的な仕事として注目に値いするが、これこそ、科学の性格についての彼自身の深い省察の要約でもある。特に彼が「窮理の言は、譬えば薪を積むが如し。後に来る者は上を居(し)む。西洋名士の論撰する所、未だ百年に及ばずして、乃ち廃棄を成す」(自序)といった序文の言葉をとってみても、科学が自然の変化および発展の過程を取扱うものであり、新しい発見へ絶えず前進してゆくものであることを、これほどはっきり表明した言葉も、他には見出せない。

合理主義的精神の種子を蒔く

梅園は自然現象を「条理」という説明方法で解明しようとし、万里は実験や観察や類推の上に立って物を考えたが、いずれも「国政を議する勿れ」とされた合理主義的精神の容易に育ち難かった思想統制の網を張りめぐらした一世紀前の封建的秩序の障壁に取り囲まれて、合理主義的精神の種子を蒔き、培(つちか)い、これを日本の近代思想の発展のために遺し伝えた意味で、それぞれ日本の科学思想史上卓絶した位地を占めている。しかし彼らの思想が完全に近代化されなかったのは、彼らの身分が封建社会の制約をこうむり、儒教的イデオロギーが、学問の本筋となっていたという歴史的限界があったからでもあるが、彼らについて共通的にいえることは、きびしい封建的制約のもとにあっても、学問の進歩を信じて、自分の学問を独自に発展させていったということで、時代的制約のために完全に近代化されるにいたらなかったとはいえ、この梅園に発して、万里を通して発展した合理主義的精神の軌跡は、福沢諭吉に達して、彼の『西洋事情』『学問のすゝめ』『文明論之概略』等を貫ぬく新しい資本主義前期の啓蒙思想の普及となって進展していった。

梅園から万里を通して諭吉へ

諭吉の万里評

「豊後の帆足万里と云ふ儒者が、儒は正なり仏は権なりと云へることあり。儒者の内にて余程通人らしき論なれども、矢張自分勝手と云ふものにて面白からず」（『或云随筆』）と諭吉がいったことは、彼が万里を批判した唯一の言葉として興味深く受け取られると同時に、彼が万里の著書をかなりの関心をもって読んでいたことを他方で語っている。諭吉も『自伝』のなかで、万里の実学が中津藩に流行していて、特にそれに影響されて高等数学に通じていた兄の三之助が、諭吉を憤らせた中津藩の門閥制度の重圧のなかから諭吉に長崎遊学の機会をあたえ、さらに大坂で蘭学を学ばせるように計ってくれたことを述べているように、万里門下の俊秀であった父や兄を通じて、万里が間接に彼の思想の上のみでなく、生涯の運命を決定づけるまでに影響をあたえた事実は無視できない。

万里の実学と中津藩

小泉信三氏の言

小泉信三氏は、「ただ豊後の大儒帆足万里の影響によつて、一部中津藩士の間に数学が重んぜられ、現に福沢の兄三之助もそれに心を寄せてゐたといふ事実は福沢の思考の実証的傾向を幾分なりとも助ける方に働いたであらうかと察せられる」（『福沢諭吉選集巻一』）と述べているが、『学問のすゝめ』の著によって「独立自由の理義を説いて一般民衆を指導しようと」（石河幹明『福沢諭吉伝』）して、「……世上に実のなき文学」を排する一方、「人間普通日用に近き実学」の重要なことを語って、「其事に就き其実に従ひ、近く物事の道理を求て今日の用を達すべきなり」（『選集』巻一）といった諭吉が、求めてやまなかった実学は、万里に『窮理通』を書かしめた実証的な科学思想に通ずるものがあった。

第七　西崦幽居の時代

一　山住いの日々

斎藤竹堂の来訪

万里六十三歳の天保十一年十月二日、江戸からはるばると淡窓を日田に訪れて一泊した二十六歳の斎藤竹堂（順治）は、二豊の各地を経て十一日、日出に万里を訪ねたが、万里は何を慮（おもんぱか）ってであろうか、この遠来の雅客に会おうとしなかった。竹堂は日出城下の万里宅の門前の砂上に空しく足跡を残して、飄然（ひょうぜん）と立ち去った。その理由は謎に包まれたままである。

若し二人が会見していたとすれば、万里は後年長崎から入手した『尹匪犯疆録（いんぴはんきょうろく）』を門弟に評註させて、アヘン戦争（一八四〇―四二）に多大の関心を示すようになっ

『鴉片始末』の著者

『井楼纂聞』『巖屋完節志』成る（天保十二年）

二書の内容

たのであるし、一方竹堂には昌平黌舎長時代、「清国官民徒らに尊大夸張、我を知て彼を知らず、頑迷不霊（さとくない馬鹿者）の極は、終に英人の術中に陥り、連戦連敗して……地を割き償金を出し、千歳雪ぐべからざるの汚辱を貽したる所以を論じ、我邦人を警戒して、其轍を踏むことなからし」（『仙台叢書』十巻）めた『鴉片始末』の著があったので、「儒生にして、西洋書を読み、海外事情に通ずる者は実に寥々として晨星（明け方の星）も啻ならず」（『仙台叢書』十巻）といわれた時代、その晨星にたとえられる二人が、胸襟を開いて、アヘン戦争を共通の話題にして、互いの見解を確かめ合ったであろう絶好の機会を逸したことは、返す返すも痛恨事といわなければならない。

天保十二年十二月には『井楼纂聞』四巻、別に一巻として附された『巖屋完節志』が成った。天保八年に柳河藩の笠間子恭（葆光）の輯めた『先侯遺事』数巻の漢訳で、塾の教材にもあて、その内容は、柳河藩主立花鑑連（梅岳）・宗茂（天叟）二代の事跡を録したもので、書名の「井楼」は立花城の拠った山の名から採っている。

『巖屋完節志』は天正十四年七月筑前の大野山の左手の中腹岩屋城に立てこもった大友の老臣高橋紹運が七百の寡兵よく数万の島津義久の軍に抗して、勇戦奮闘十数日の後、ついに落城にいたった悲愴な顛末を書き綴ったものである。

万里は「是ハ門人ニ托書立候て私改竄致候迄ニて、表向ハ私之文ニて実は其趣も断置候儀ニ候」（『帆足万里書簡集』）と述べている。淡窓によれば、

九月二十四日（天保九年）柳川ノ儒臣笠間安左衛門、其姪山田哲之助ヲ携ヘテ来リ訪ヘリ。国命ニヨリテ日出ノ帆足里吉許ニ往キ藩志ノ事ヲ議ス。便道来訪フナリ。柳川ニテ一名家ナリ。（『懐旧楼筆記』巻四十）

柳河藩の委嘱

とあるので、『井楼纂聞』漢訳の作業は、柳河藩の委嘱であった。それゆえ笠間葆光が篇中ところどころ注解を加えていても奇異ではない。

西崦精舎へ移居

万里六十五歳の天保十三年十一月には、日出から西方二里の南端村目刈（現大分県速見郡日出町南端字目刈）の山中に塾を設け、西崦精舎（西方の日の没する山の学舎の意）と名づけ、門下とともに移居し

た。今日遺っている賀来飛霞の実写図（口絵参照）は、背後に小丘がそばだって、前方のやや開けた地に柴門があり、生い繁る喬木数株を背にして、四茅屋が点在し、いかにも講学読書にふさわしい幽静の境地を想わせる。

西崦のたたずまい

その翌年閏九月作の「西崦記」（『文集』）は、その地は二つの山に挟まれて、竹木が叢茂し、喬松十余株が生えている山頂にゆけば奇巌巨石があり、土地が高いので、しきりに雲霧が去来し、林間には子規や黄頭鳥

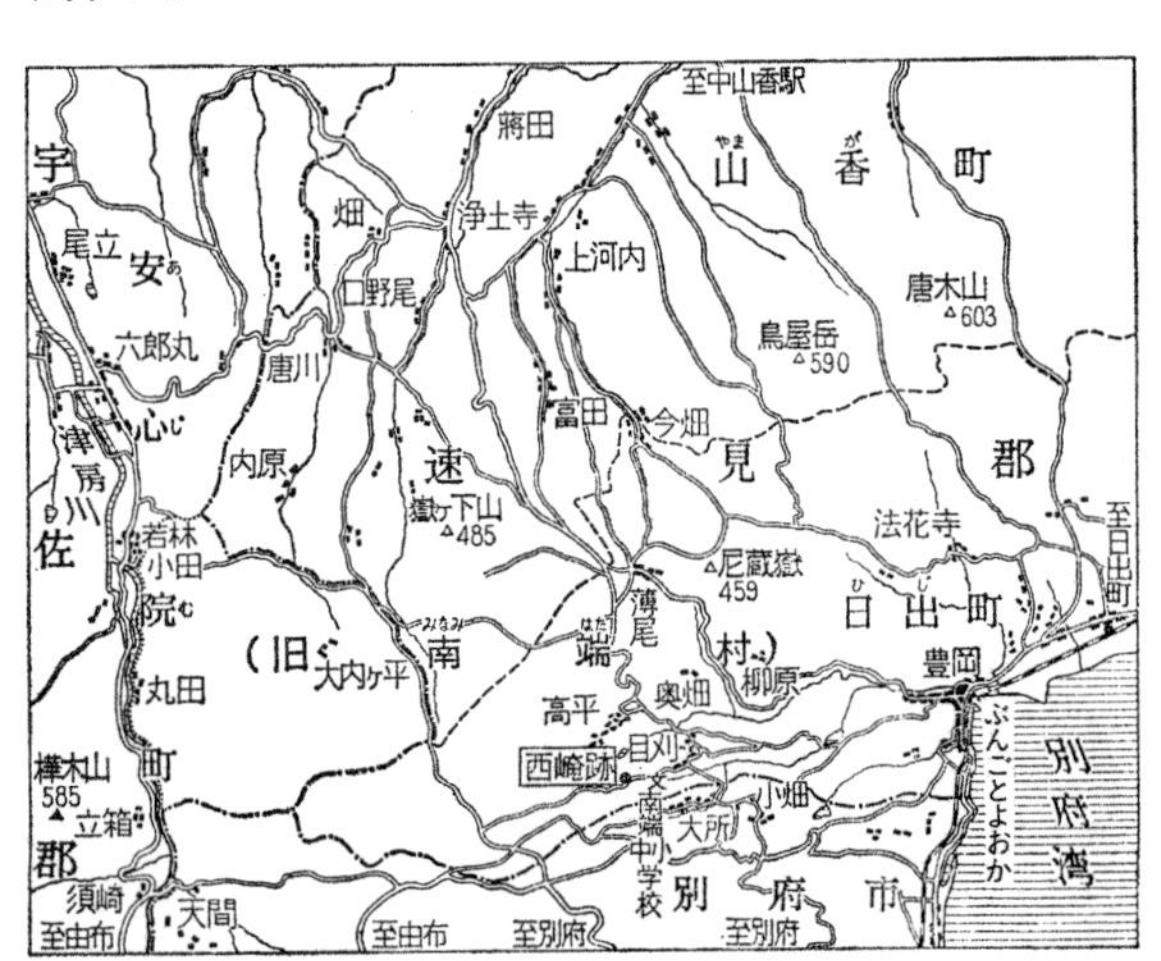

西崦付近要図（昭和41年頃）

が終日鳴き交わし、林のある小山に取り囲まれた家からは田圃や民家その他が一望に収まり、はるか遠く硫黄洋(いおうなだ)の碧海が見はるかされる景観の趣を伝えている。

「廩祿を偸む」とは

万里は何故にみずから求めて、このような蕭条(しょうじょう)たる山地に退居したのであったろうか。その疑問に対し、「西崦記」では、「予老い且つ病み、猶ほ廩祿(りんろく)（下賜せられる俸祿）を偸(ぬす)み、公家(こうけ)の費(ついえ)と為る。其の来りて此に居るは、意閑曠(かんこう)に就くなり」と述べ、また「一幽絶の地を求めて死時の計を為すをまつのみ」ともいった。そして彼が「幽閑地に卜居(ぼっきょ)」のことを藩の要路に申し出たのは、六十歳の時で、それから五年後に隠棲に適した地をようやく目刈に探し当てた。

終焉の営み

さて万里が「廩祿を偸む」といったのは、退役後十人扶持を受け、そのうち五人扶持を藩の勝手元に預けていたことで、彼は内心不用の扶持を受けることを心苦しく感じていたようである。そして生来彼の無欲に徹し、簡素を好む心が、わざわざこの荒れ果てて寂しい地を選ばせ、「終焉(しゅうえん)の営み」にかからしめたのである。

彼が壮年時代吉良・勝田の二門人を伴れて、山野を歩いた時、「他日人を辟け、兼ねて世を辟け、寒山何処にか茅亭を結ばん」（『西崦余稿』）と詠じた詩句によっても、彼には早くから幽棲の意が動いていたことがうかがえよう。

師弟和楽の雰囲気

しかし万里がこのような恰好の地を見出した「終焉の営み」は、ただ世俗を離れた高踏・隠逸の生活ではなかった。彼の周囲には四方から数十人の若い学徒たちが集い、つねに活気横溢の師弟和楽の陶々たる雰囲気があった。そのことは、彼が「何ぞ必ずしも窮居（貧乏住い）を嘆」かなかった理由でもあったし、

山の井の濁るばかりを汲分けて
　猶すむ人のあるぞ嬉しき

の一首に、風懐を托したわけでもあった。

万里は天保十三年西崦精舎に移居して以来、弘化四年から嘉永元年にかけての

東上不在の約一年を除いて、嘉永四年日出に病いを養いに戻るまで、

老病前途限り有り、茅茨采椽（山より取って来たままの垂木）僅かに風日を蔽へば乃ち足る。幸ひに残喘（死に近づいた命）を延ばし、八－九年を得れば、又是の荒寂の地に居ること能はず。（『西崦余稿』）

と西崦に移る前漏らした言葉通りに、都合八年を清貧・簡素を極めた山住いに過した。

八年の山住い

しかし万里が「山に登りて、時に杖を植て、石に踞りて、迥かに眸を凝らす」といったように、山上の清閑に心ゆくまでひたりきっていた心境は、「西崦雑詩」（『文集』）二十六篇によって伝えられている。

青山尽きる処柴関を設く、
目極むれば東南杳靄（深いもや）の間。
一鶻（一羽の鷹）高く飛び海を過ぎて去る、

天辺則ち是れ予州の山。（原漢文）

は、山居一適の姿を賦したそのなかの一篇である。彼もまた蘇軾が詠じた如く、「年来漸く幽居の味を識る」人となったのである。

科学教育の実施

西嵶の八年はまた、万里がその精力を育英の業に注いだ重要な期間でもあった。「西嵶記」には、「諸生来り学ぶ者は室を山下に築き、以て居る。亦麤食菜羹（野菜の汁）のみ」と述べているにとどまるが、彼の高邁にして豁達な精神は、実にこの破窓の茅屋で継承されていったのである。塾生を素読生・四書生・五経生に分け、五経生には諸子百家を渉猟せしめ、志望によって医学・蘭学・仏学等を学ばしめた。科学教育は早くも西嵶で始められ、『窮理通』の稿本は教材に用いられたし、万里の元田竹溪宛ての書簡が「僕の家猶六－七本有り、講習に備ふべし」（『西嵶余稿』）と語っている通り、天保十五年刊の『入学新論』も講義の教材にあてられた。

まことに閑寂な目刈こそ、学問を修め、心魂を錬る理想の別天地であった。万

同遊約

里が定めた西崦における「同遊約」は、「是約を背者あらば、社中を擯出(しりぞける)して、永交を絶つべし、相与容隠(許し隠す)せば其の人を併て謝絶すべし」と結んでいるように、簡約にして、厳正であった。

美しい情景

一方師弟の礼を重んずるきびしさのうちにも、師を中心として酒を酌み交わし、花を愛で、学成って去る子弟たちを送る美しい情景も、しばしばみられた。彼はまた卒業して帰郷の途につき、あるいは他郷に師を求めてゆく門弟たちのために、その都度、詩を餞けすることを忘れなかった。不運にも自分に先立って、夭折した弟子たちを悼む詩も幾つか作り、碑銘もたびたび書いた。

二　不滅の墓碑銘

天保十四年三月万里を西崦精舎に訪れた門弟元田竹溪に、彼は「予老ひて将に死せんとす、子其れ我が為に校して之れを伝へよ」(竹溪の序)といって『入学新論』の原稿の校正を託した。恐らくその脱稿が西崦に移る前の天保十三年のことであったであろうか、あるいは十一月に移って来てから後の数ヵ月になされた仕事であったであろうか。とにかく『入学新論』は、十四歳で学問の道を歩み始めた万里が、

学のすべての集約

晩年、思想の成熟期に達して、みずから近づく死を覚悟して、わが学のすべてはここに集約されているとするかのように、後世に書き遺そうとして、ようやく筆を執ったことに、意味の深さがあり、また生涯のそういう時期に達しなければ、とうてい書き得ないような特別の意味を持った書でもあった。それは比較的短時日に纒め上げられたにしても、別に歳月を限らないで、幾多の曲折を経ての思想の到達を記念する不滅の墓碑銘というべきであった。

内藤湖南の評語

事実『窮理通』が刻苦三十年の年月がかけられていたとすれば、『入学新論』は彼の一生をかけての探求の学問的成果であった。それゆえ内藤湖南をして、

入学新論の著、侗庵(古賀)称して、思孟(子思と孟子)以来此書なしと謂へり。意ふに是

れ博綜考拠の学風、既に其の極に達し、発明創見の気運、将に開けんとする者か。（『近世文学史論』）

といわしめたのである。淇園・南溟・竹山・履軒の如き当時のいわゆる異学者たちに接して、自己を大きく養った万里が、「嘗て和蘭訳都逸国人斯密魯満地理志、西暦千八百十三年刊する所云々」とか、「嘗て和蘭書薄伊私を読み、西域伝ふる所の書史尤も古き者は今に距る三千六百年に過ぎず」とかと『入学新論』のなかで、洋書にまでその触手を伸ばしていたことは、「博綜考拠」の事実を何よりも証拠立てている。

「博綜考拠」の事実

さて『入学新論』は竹溪の序によれば、

歴代の諸儒習ひて察せず、語りて精しからず、先生乃ち之れを古昔聖人の教へを設けし所以に原ね、以て其の義を発明し、瞭然として諸掌を指すが如し。（原漢文）

とあるように、その目的は儒学の真の精神の解明にあると同時に、自分の思想的根拠を明らかにすることにあった。

『入学新論』の構成

『入学新論』は「原教」「原学」「原名」の順序で構成され、先ず「原教」は神道・儒教・仏教・道教に対して試みられた批判、「原学」は荀子・荘周記載の言説を引用して詩・書・礼・楽・易・春秋・論語・中庸・孟子等の経書から、漢儒・宋儒、わが国の伊物（伊藤仁斎・荻生徂徠）に至る解釈、「原名」は学問が文字・声韻より入った淇園の行き方と同様に、「其の名を明らめんと欲する者は、宜しく先づ其の文を明らむべし、文は言の符なり。言は生人と倶に生ずる者なり」（『入学新論』）という名と教えの思想的関連性を重視した鬼・神・魂等の三十二文字の分析、字形・字音・訓詁の解説である。次に略述すれば、

原教篇　正・権の二教

原教　天下の教えを正・権の二つに分ち、天命にしたがい、人性固有の理によって教えを立てた儒教は正教で、忠信明潔を宗とする神道は孔子の道と異なら

ない。天命をはかって死生縁業をもってこれを行う仏教は権教である。わが国では儒教は、君子を教え、倫理を明らめ、政令を正し、仏教は野人を教え、政教の及ばないところを助ける。『老子』は戦国時代の好事者が『荘周』の書を剽窃して作ったもので、老子が荘周を窃み、周が老を引いたのではない。宋以後名を老子に托して道士が現われ、儒仏と鼎立するまでの勢力となり、晋唐時代仏教の影響を受けて、道経を作った。

『老子』は『荘周』の剽窃

原学篇

原学　『詩』は六経のなかで一番完璧で、それに次ぐのは『書』『礼』『楽』の順でいずれも人をもって人を治めるもの、『易』は天をもって人を治めるもので、『春秋』は名分を正すゆえんの書とされ、今の『春秋』は、孔子の筆でなく、戦国の士の偽撰である。

原名篇

原名　一－二の例を示せば、「節はもと竹節、故に転じて、節義の節となり、礼節の節となれり」、あるいは「勇は甬字の子、甬の篆文（篆書体の文字）は甬中の物の上涌の形を象る。故に奮発の義となる。艸木の花発くとなすは、漢儒の謬解なり」というような説明の仕方である。

三　胸中の火

文化七年仲冬（陰暦十一月）の日付で、愚山が序した『修辞通』を筺底深く蔵して、敢えて人に示さないと万里がみずから記したのは、弘化三年九月のことであった。それは明治十三年十月帆足亮吉の手で公刊された。

『修辞通』刊行（明治十三年）

万里は山中の静僻に起居すること八年、門弟の教導に余生をささげながらも、着々と仕事を進め、彼の三主著『窮理通』『入学新論』『東潜夫論』は、もうこの時までには仕上っていて、驚嘆すべき晩年の充実を語っていたのである。

晩年の充実

山には雲霧が去来し、林間には鳥禽が鳴き交わし、学舎の窓からは、学徒の読書の声のみが漏れる静境にありながら、万里の胸には烈々と火が燃えさかっていた。この胸中の火こそ、七十近くに及んだ彼に、理路整然たる『東潜夫論』を書かしめたのではなかったろうか。頽齢のどこに、透徹した直言の文字を書く熱気が、潜んでいたかに、あるいは人は驚きの目を見張るかもしれない。

直言の文字

淡窓の『迂言』

温雅な詩人広瀬淡窓でさえも経世のことに思いを潜めていたことは、『迂言』を書き上げて、「八月二十八日（天保十一年）迂言脱稿セリ。二巻凡九十葉。真カタカナヲ以テ綴レリ。起草ヨリ二旬余ニシテ成レリ。儒者ノ経国ニ於ケル。誠ニ屠竜ノ技（いかに巧みであっても実際に役立たぬ技）ナリ。然レドモ政談・草茅危言ノ類。マ、其説アゲ行ハル、コトアリ。此編モ。万一知己ニ逢ヒ。採用アランニハ。本懐ノ至リナリ。」（『懐旧楼筆記』巻四十二）と漏らした感懐でうかがうことができる。万里が『東潜夫論』で、「肥後藩嘗て太宰春台を聘す。春台曰く、政を為さしめ給はば、十人扶持にても往くべし。但だ文学の任のみならば、千石にても往かず」と気負った春台の心事をいい得ているように、ただに春台一個人に限らず、当代の儒者一般の志が那辺にあったか

儒者の志

は、内藤湖南が「皆執政の位に在りて、而して学ぶ所之を其の国に行ふことを得、苟くも学術を以て任を求むる者、皆千石・二千石を望み、未だ嘗て此を以て自ら過ぎたりと為さざりき。……蓋し学者仕ふれば則ち卿大夫、以て之を国政を実にするに非ざれば苟くも仕へざるなり』（『近世文学史論』）と指摘した通りであったし、万里も

士大夫意識

「治民及び貢賦は其国第一の要務なり。軽賤の人を用ゆべきにあらず。必ず学術ある士人を用ゆべし。是治平の世、学問を用ゆべきわけなり」（『東潜夫論』）と力説して、自負する士大夫意識を披瀝したのであった。

経世済民の書の系譜

そこで必ずしも学術をもって執政の位地に就かなくても、文教の指導と経世済民に力をつくすことをみずからの任とした儒者たちの気概が、『政談』『太平策』『草茅危言』『経済録』『経世秘策』『新政談』等の形で、鋭く吐露されたのは当然のことで、前述の淡窓の『迂言』も、天明六年杵築侯に上書した梅園の『丙午封事』も、学館頭取の職にあった三十五歳の竹田が、文化八年十二月・九年二月の

再度にわたって、岡藩の秕政とその改革を痛論した建白書二通も、さらに万里の『東潛夫論』も、前記一連の経世済民の書の系譜を形成しているといえるであろう。

再訂された『東潛夫論』

『東潛夫論』は上梓されないで、秘書としてひそかに伝写され、流布していった特殊事情で、その執筆の確たる年月ははっきりしていないが、恐らくそれは彼の東上以前の六十七歳の弘化元年であったであろう。そして家蔵本に、「余去歳東遊して云々」の文句があるだけでも、東遊は弘化四年のことであったから、その翌年の嘉永元年に再訂の筆が執られたことも、自明であるし、流布本の二―三個所が家蔵本では削除されている点なども、後年の改訂の結果と判断されるであろう。

写本でしかなかった『東潛夫論』が、比較的早い年代に、一種の批判の形で問題視されたのは、たとい筆者の名が秘せられていても、『東潛夫論』が万里の著であることは、すでに一部では知られていた証拠である。

それを証する第一は、万里と同国出身の後に三十二代の天台座主（毘沙門堂）となった赤松光映が、弘化四年在京中の万里をその仮寓先の東福寺に訪うて談論したことで、当時光映は三十の気鋭の青年であり、万里は七十の高齢であったが、光映が彼の随筆『邯鄲市上昨非談』（明治二十三年）に記しているところを引けば、

赤松光映

『邯鄲市上昨非談』

往時帆足万里なる者あり。豊後の人。適々京師に来り東福寺に客居す。余、国人なるを以て之を訪ふ。談仏教に及び、彼の著はす所の書中齟齬あるを以て云々之れを指示し、且曰く、吾子豊後の僧を以て天下の僧を観、彼の言ふ所を以て世尊の教と定む。故に齟齬あり。蓋し吾が仏教の大海は粗細・浅深あり。大小・権実有り。又顕教有り、密教有り。五部の大乗経猶読むこと能はざるを以て規矩準縄と為さば、即ち安んぞ能く其の条理に通ぜんや。其の人再拝稽首（首が地に到るまで屈して拝すること）し、他日来りて之れを謝す。其の非を知り改むる

者吾識る所千万人中わづかに二－三人、帆足氏は其の一人なり（原漢文）。

とある。恐らく両人の間の問題点は、『東潛夫論』（覇府第二、下）において、万里が仏教・仏寺・僧侶等の実状とその弊害を手きびしく論難して、

> 且つ今天下の寺かず甚だ多過ぎて、田舎の仏寺は檀那わずか四－五十戸、甚だしきは十余戸なり。名は僧といへど実は農戸と同じ。只田作して生となすなり。……箇様の僧人豈学問に暇あらんや。宜しく天下の仏寺を併せて十分の一とし、一寺の檀那千軒以上となすべし。仏寺は古村里の庠序（学校）なり。僧は其教官なり。豈今の如く無頼の人を居らしむべけんや。

両人の間の問題点

といったようなことに関してであったであろう。もっとも上の論旨は『入学新論』にもみられもするが、要するに万里が視点を自分の周辺に限って、全体を律しようとしたことを、光映が指摘したのではなかったろうか。

その第二は、吉田松陰の『西遊日記』によれば、松陰が嘉永三年八月九州への

旅の途次、病気のために下関に足を留めて、静養した二十七・二十八日の両日、『東潜夫論』を読んだという事実で、『西遊日記』の一部を引けば、

一、二十七日晴。尾崎秀民を召して診を請ひ薬を服す。秀民は豊（豊後）人、日出の帆足万里に従ひて学ぶ。因て万里を称説して、譚話（だんわ）半日にして去る。帆足著はす所の東潜夫論・入学新論等をみる。

一、二十八日晴。終日閑暇無事、帆足の二著を卒業す。

吉田松陰、『東潜夫論』を読む

二十一歳の松陰は『東潜夫論』その他を読んだという事実だけを記して、別に批判めいた言葉を遺（のこ）していないが、その読後の感銘が、まだ生々（なまなま）しい約一ヵ月も経たない九月二十一日、彼は平戸で『阿芙蓉彙聞（あふよういぶん）』（塩谷宕陰の著）を読んでいるから、さらに一層鋭く彼の眼が、海外の情勢に注がれたことは必定である。その後『野山獄読書記』によれば、安政元年七月十六日松陰は『東潜夫論』を再読さえもしている。

鷗外の『渋江抽斎』

その第三は、森鷗外が『渋江抽斎（ちゆうさい）』のなかで、次のように語っていることである。

貞固（さだかた）も東堂も、当時諸藩の留守居役中、有数の人物であつたらしい。帆足万里は嘗て留守居を罵つて、国財を靡（び）（減らす）し私腹を肥やすものとした。此職に居るものは、或は多く私財を蓄へたかも知れない。保さんは少時帆足の文を読む毎に心平かなることを得なかつたと云ふ。それは貞固の人と為りを愛してゐたからである。

石川淳氏の鷗外評

石川淳氏が、「鷗外がみづから「敬慕」「親愛」と称してゐるところの、抽斎といふ人間への愛情が作品に於てどんなはたらきをしてゐるか。鷗外はその愛情の中に自分をつかまへることに依つて書き出した」（『石川淳全集』巻十）と、その主題の契機について、上のような言い回しをしている『渋江抽斎』において、主人公の周囲の人物にしか過ぎない津軽藩の留守居役の比良野貞固と平井東堂の如き者の上にも、

「ただ愛情に濡れた」作者の眼は、「愛撫してきはまらなかつた」からでもあろうが、二人の人間像は極めて鮮烈に描き出されている。「諸侯の江戸留守居ほど不埒なるものはなし」の書き出しの「帆足の文」を読んで心平かでなかったのは、ただに「保さん」ばかりでなく、その背後に「保さん」以上に「貞固の人と為りを愛してゐた」憤然たる面持の鷗外がいたのではなかったろうか。ここでは「保さん」と「帆足の文」は、作品の一層の効果を出すための、作者が意図して用いた小道具に過ぎなかったのではなかったか。

『東潛夫論』が投げた波紋

そこで私が問題としようとするのは、松陰を除いて、『東潛夫論』に対する前述の批判として受け取られるものの当否ではなくて、上のように読んだ者の心胸に、『東潛夫論』が何らかの波紋を投げかけていたという事実である。赤松光映が『東潜夫論』を読んだのは、弘化元年から四年の間と信じられるし、鷗外が叙したが如く渋江抽斎の嗣子保(成善)が『東潛夫論』に目を通して、敬愛する知人のために憤りの念禁じ難かった年代は、果していつであったか。鷗外が少時といっているからには、十五歳の保が弘前から単身上京して、共立学舎や師範学校に在学していた明治四年を過ぎた血気盛りの数年の間のことであったであろう。

反応の事例

以上は『東潛夫論』が内藤耻叟校訂の『日本文庫』第一篇に収められて、初めて公刊された明治二十四年以前、赤松光映が弘化四年、吉田松陰が嘉永三年、渋江保が明治初年というように、早くも読まれて、それぞれ読む人々によって、反応があったという事例を示したまでである。

四　先覚者の目

王符の『潛夫論』

『東潛夫論』の題名は、後漢(東漢)の桓帝(一四七―一六七 わが弥生後期)の時代に成った王符(今の甘粛省鎮原県南五十里安定臨涇の人、字は節信)の『潛夫論』に淵源があったことはいうまでもなく、寛平年間藤原佐世が勅を奉じて撰した『日本国見在書目録』の「儒家」部門に登載されているので、『潜夫論』の伝来が、遠く寛平(八九〇年代)に遡っているのは間違いないが、天明七年九月京都・江戸・大坂の八書肆の連名で覆刻刊行された。この天明版の『潜夫論』に天明二年三月序した那波魯堂(師曾)は、「時の短を指訐(指さしあばく)し、物情を討謫(正しとがめる)し、以て当時の風政(徳化と善政)を観見するに足る」といい、魯堂の弟奥田尚斎(元継)は天明六年三月跋を附して、「悲憤の拠るところ論議抑揚、渾然として渣滓なし。故に曰く、文は情に生じ、情は辞に見はる」と述べている。近代では『中国思想通史』(第二巻、一九五七年刊)の著者たちによって、それは唯物主義天道天命観・道徳法律批判思想の表明と受け取られている。

魯堂・尚斎の評語

「符は独り耿介(堅く節操を守ること)、隠居して書を著はし、号して潜夫論といふ。以て当時の得失を譏る」といわれた『潜夫論』(十巻)、三十五篇が書かれた後漢の桓帝の時代は、『簡明中国通史』(一九五五)によれば、階級的矛盾が激化し、統治階級相互間の政権争奪が、著しく人口を減少させた上、大量の無主的な荒地を生み出し、官

桓帝の時代の世相

僚・地主・大商人が三位一体的に結合し、大商業資本が利潤を追求独占し、和帝（八九—一〇五）以後、社会的生産が下降線を辿り、慢性的農業恐慌とともに、農民暴動が各地に頻発するといった社会情勢であった。呂振羽は「社会は黒暗に堪へず、無法無天、是非顚倒」（『簡明中国通史』）と評してさえいるが、このような時代を背景として考えれば、『潜夫論』の書かれた意義は一層痛切であった。その一例を示せば、「それ民を富ます者は、農桑を以て本と為し、游業を以て末と為す……。本を守り、末を離るゝ時は即ち民富む。本を離れ、末を守る時は則ち民貧し」（務本第二）といった王符は、「今世を挙つて農桑を舎て、商賈に趨り、牛馬車輿道路に塡塞し、遊手功を為めて都邑に充盈す。……商邑翼々として四方是れ極る」（浮侈第十二）と論じているが如きは、当時の都市への人口集中と繁栄、大商業資本の圧倒的な支配力を語って十分である。

『潜夫論』の意義

後代の中国において唐鋳万の『潜書』、宋恕の『卑議』が『潜夫論』の系を継

内外の情勢を注視して

いでいるが、万里が内外の情勢を注視して、書き綴った随筆に『東潜夫論』と題した意図も、上のような『潜夫論』を想起してである。彼は後漢末期の弊政を鋭く衝いた『潜夫論』のように、幕末の政治状況のなかに、自己の論策の方向と意義をおこうとしたからにほかならない。

内藤耻叟の解題

内藤耻叟（ちそう）は『東潜夫論』（『日本文庫』第一篇）に解題を附して、

> 今其所レ著書ヲ読ムニ、博引広渉（こうしょう）、言皆実用アリ、近世儒流ニ在テ希（まれ）ニ見ル所ナリ。此書王室・覇府・諸侯ノ三項ヲ分ツテ之ヲ論ジタリ。論ズル所皆切実ノコトニシテ、虚言行ヒガタキ者ニアラズ。既ニ明治以後ニ至リテ行ハレタルモノアリ、是其言ノ実用ニ適スルガ故ナリ。且其人西洋ノ書ヲヨンデ西洋ノ政治・経済ノ術ヲモ粗（ほぼ）講求シ、亦能ク之ヲ転化シテ応用スルノ妙アルニ似タリ。今西洋書ヲヨム人々モ必此用意ナカルベカラズ。

滝本誠一の指摘

と推称したが、滝本誠一は内藤とは別個の立場から、今本書に就いて之を見れば、その政事・経済思想の根本は勿論支那の儒道にして、西洋学、即ち蘭学に於ては他の蘭学者と同じく、天文・地理・医薬及器械など唯形而下学(けいじか)のみを取りたるに過ざるが如し。（『日本経済大典』三十八）

と述べて万里の藩政改革の実績が、儒者流の徳治主義の施策以上を出なかった事実に着目して、彼の政治・経済思想に西洋諸学説が取り入れられた形跡のなかったことを指摘したが、上の指摘をまつまでもなく、「既に西洋学を単に技術とせざるときは彼の国の歴史を読むは勿論、政治経世の学問もあらんとて、頻りに其の書を求め」（『福翁百話』）た福沢諭吉が、砲烟を望んで、ウエーランド経済書を講じたのが慶応四年五月十五日、中村正直がミルの原著『自由論(オン・リバテイ)』On Liberty を訳して『自由之理』を出版したのが明治四年（一八七一）、西周(あまね)が『百学連環』を起稿したのが明治三年（一八七〇）十一月、ミルの『功利主義(ユーテイリタリアニズム)』Utelitarianism を『利学』の名で翻訳発表したのが明治十年（一八七七）であったことを考えれば、万里がたとい蘭書その他を通して、多少なりとも西洋の事情に通じてもいたし、また通じようと努力したとはいえ、『東潜夫論』が書かれた弘化元年（一八四四）には、まだ十分に西洋の政治経済思想の浸透の機は熟していなかったとみられるからである。それ故にこそ、滝本が「著者が政事・経済の思想を蘭学に藉らずとするも彼が思想の価値を軒輊（まさりおとり）するに足らず」（『日本経済大典』三十八）としたのは、妥当であるかもしれない。

西洋の政治経済思想浸透せず

内藤耻叟は『東潜夫論』の論策が迂遠でなく、実際的であった点を高く評価したが、一つには彼が藩政処理の経験を生かしていたこと、も一つにはすでに科学的な思考方法をとっていたこと、すなわち「天地万物の性質を見て其働を知る学問」（『学問のすゝめ』）に通じていて、「事をなすの術」としての学問の実践者であったことが、万里の透徹した論策の根底にあった。

学問の実践者として

しかし万里は渡辺崋山が不覚にも『慎機論』で政道誹謗の罪に陥れられたような轍を踏むまいとして、忌憚のない非難攻撃を正面切って幕府に加えないで、婉

婉曲な言回し

曲な言回しで、却て警告と批判を効果的にした点で、松平定信の諮問に答えた竹山の『草茅危言』より一層合理的な説得力を内に秘めていた。

五　先憂の志

『秘本玉くしげ』

海外事情の洞察

本居宣長が、「概ね当時の常識的政治論の水準を多く出てゐない」（丸山真男『日本政治思想史研究』）とみられた『秘本玉くしげ』において、封建支配の抑圧に喘ぐ農民の実態を評述したのに較べて、『東潛夫論』はやや高所からの着眼・発言の傾きはあったが、当時の政治・経済・社会の実状を微細に観察して、王室・幕府のあり方、それらの関係、大学の設置、兵制の改革、軍備の充実、海軍の創設、海外植民等の緊迫した時の諸問題にわたって論究し、その当時において海外の事情をもかなり的確に洞察していたことは、イギリスについて、

尹夷、西洋中最も水戦に習ひて、海中大王とも唱へられし国なり。舟艦・水

軍も最も多しといへり。然れども島国にて小国なり。地面の広さは日本位あるべけれども、人数は日本の半なるべし。軍勢なども二ー三十万に過ぎず、其上天竺の南辺を攻め取りて屯戍の軍勢多く入り、其外にも処々に属国ありて事多し。日本を去ること東西両路皆一万余里にて、日本近所に墓々敷属国もなし。其上本国、仏郎察と海峡六ー七里を隔て世々仇讎の国なり。ナポレオン以後暫し和平せしかども永久を保つべきにあらず。本邦を攻むることなど出来べきことにあらず。（『東潛夫論』）

と述べていることや、その他清・ロシア・トルコ等の諸国の実状にも通じていたことで、十分確かめられるし、また西洋の諸書を探って、ナポレオンのことも知っていたし、晩年『尹匪犯疆録』を読む前に、「猶は尹夷人、清朝広東にて茶を買ひ帰り、……易物に阿片を買ひ集めて持ち来りしゆゑ先年の乱も興りしなり」（『東潛夫論』）というように、天保十二年（一八四二）アジアの一角に帝国主義が侵略の拠点をおくに至ったアヘン戦争へと政治的眼界はひろがってゆく。

軍制改革論

万里は軍制改革について、秀吉の時一万石に四百人の軍役（ぐんえき）を課したのに倣（なら）い、日本総兵力を百二十万として、その四分の一を居守（きょしゅ）、残り九十万を三分して、三十万ずつ東州・中州・西州に駐屯させ、総て戦法は時代により変遷するから、和漢の兵学に達し、西法にも通じた人々が新たに戦法を作って、士人に教え、今の戦いは鉄砲を第一の用とし、士人皆鉄砲を持つように組織し、城郭の楼櫓（ろうろ）・雉堞（ちちょう）（城の上のひめがき）の木造は大砲を防ぎきれないから、石若しくは三和土（たたき）・磚瓦（せんが）で築造し、西洋式に三都・大国城中の屋宅も石・磚瓦で造るように唱えた。

都市改造論

これは本多利明が『経世秘策』のなかで永久不朽の石造をすすめたのと同趣旨であった。特に彼が「是亦一旦は費え多けれども、数百年も破壊せず、且つ自火は格別、延焼の患（うれい）なかるべし。且つ石屋（せきおく）・磚屋（せんおく）は三－四層にも作る故、土地今の半（なかば）にて済むべし。余地を空地とし、街路を広め、空地には松柏雑樹を植え玉はば、永く大火延焼の災なからん」（『東潜夫論』）と論じたのは、ほとんど全国土が戦禍によって焦土と化すとは夢想だにしなかった百数十年前、早くも都市建築の高層による緑地・道路・空閑地等の設置を含む都市計画の実施が提唱されたことは、一つの驚異でもある。「現今の着想と同一であり、その先駆をなすものといえよう。あるいは現代の着想があまりにも貧困で、封建時代の構想力の段階を出ないといえるかも知れない。しかもこの構想さえも、まだ実現できないでいるのである」（伊藤ていじ『城とその町』）という批評の如きは、現代のさし迫った問題との関連において、上の提言に深い意味を見出している一つの例である。

先駆をなす着想

また「大坂より漕河を通じ、西州の米を坂本に致し、北は敦賀より三里ばかりの水路を浚へ、云々」（『東潜夫論』）の構想は、今日の桑名（伊勢湾）と敦賀（敦賀湾）を結ぶ日本横断運河の計画（日本横断運河建設促進期成同盟会が昭和四十年四月六日発足し調査にかかると報じられている）が、琵琶湖をそのまま利用しようとする点で、踏襲されているが、やはり彼の構想が、今日の問題解決のなかに現実に生きていることを実証している。

日本横断運河の構想

軍備近代化論

万里が外艦はしきりに渡来し、アヘン戦争の結果としての清国の敗北の情報は耳を打つといった物情騒然たる文政・天保期を背景として、二百年に及ぶ大船建造禁制の時代にも拘わらず、敢然と国防の急務を強く喚起し、軍備の近代化を要請したことこそ、特に留意すべきで、わが国は海中に在りながら、船舶が備わっていないから、しばしば西洋賊船に苦しめられ、彼らは大砲を備えていない脆弱な船舶が西船と交戦し得ないことを知っている。そこで幕府が率先して、西洋式大艦を二十隻ばかり造り、大藩は一－二隻、小藩は二－三藩共同で一隻を造り、八－九十隻を用意し、いずれも大砲を備え、兵員を乗せ、常時は運漕に供し、一朝有事の際、戦艦にせよというのが、その趣旨である。

「是制已に備はらば、西船豈日本近所に近くを得んや。当今の如く西船一隻来れば、一方騒動すること、徒らに人民を疲らかし、無謀の甚だしと謂ふべし」とか、「黒船一艘来ればとて、数国の諸侯、兵を動かすは徒労にして、しかも間に合は

清国の敗因

唐の学問は何の用にも立たず

ぬなり」とか、「日本人、西洋を強き国とて畏るるは間違ひなり。唯本邦舟艦の制虚脆(きょぜい)にて、炮術不鍛錬のゆゑなり。舟艦牢固にして炮術鍛錬せば、西洋人豈我軍に勝つを得んや」、あるいは「舟艦大熕(たいこう)の用だに備はらば、本邦旁近の海、風濤殊に険悪にして、西人死海と号する者を壕塹(ごうざん)として戦はば、亜細亜・欧羅巴を併せ来り攻むとも豈本邦を動かすを得んや」(『東潜夫論』)というように、舟船の整備、炮術の鍛錬を国防の最急務とし、さらにアヘン戦争で小勢の英軍による清国の主たる敗因を大砲の用法が拙劣であったことに帰し、大砲数千門を鋳造し、二十万の兵を動かし、二―三里の遠きより砲撃し、敵の隊伍の乱れたのに乗じ、満洲の騎馬で駆逐すれば、必ず殲滅(せんめつ)し得たであろうに、それに気づかなかったのは、「唐は千年以来、詩文を作りて立身する悪しき国法立ちしゆゑ、唐の学問は何の用にも立たず」(『東潜夫論』)であったからで、トルコが西洋と対抗して、その強大を誇ったのは、トルコ人が清人より知能優秀のせいではなく、西洋の戦法をよく知っていたからで、「本邦も早く炮術を習ひ戦法を改め給ふべきこととなり。否らざれば必ず清人の敗あるべし」(『東潜夫論』)と結んでいるのは、西洋砲術の優秀性を知りつくしていた彼の慧眼が、帝国主義的侵略戦争の性格のアヘン戦争の本質を早くも見破っての深刻な危機感から、清国の轍を踏ましめまいとする点で、斎藤竹堂の『鴉片始末』や、塩谷宕陰の『阿芙蓉彙聞』(弘化二年)や、添川栗が長短句五十三を列ねて、「禍ひを包蔵」すること一日に非ざる英夷が「旗鼓巨礮、大艦天を蔽ふて来り、其の資財を掠め、其の婦女に嫋れ」、ついに地を割くにいたらしめた凄絶な状況をつぶさにうたいあげた『英夷犯清国歌』(弘化二年)等と同様、天下の耳目たろうとする意図が、十分にあった。

『阿芙蓉彙聞』

『英夷犯清国歌』

王室は文教の中心

万里は王室が京都に大学を創設して、みずから文教の中心にあるべき姿勢の正しさを強調して、「彝倫の道、邦国経制の法を失ひ給はずば、清盛・頼朝の叛臣何百人ありとも豈王室を動かすを得んや」(『東潜夫論』)といったのも、畢竟王室が軍事を離れ、権力を行使しないで、文教に専念してこそ、王室の地位を永久に安泰にするゆえんであるという彼の信念の表白にほかならなかった。彼は承久(じょうきゅう)の乱といい、正中(しょうちゅう)の変といい、元弘の乱といい、南北朝時代の争乱といい、王室が兵力を組織したことに、悲劇の発端があったという歴史の教訓を想起して、上の結論に達したのであるが、一方が軍備と政権を有し、他方が軍備を前者に委任して、実際の政局に当らないという関係の上に、初めて公武の衝突は避けられ、平和が保持されることを確信した万里にいわすれば、「今の時は北条氏と換(かわ)りて、天下数百の諸侯ありて、覇府其上に位し給へば、王室は長く中興の期なしと謂(い)ふべし。

歴史の教訓

却て目出度きこと

されど是(これ)却て目出度きこととなり」(『東潜夫論』)であったし、「王室長く至尊の位を失ひ給は」ぬことをひたすら念願した彼は、事実王室のために、武力の保持と行使によって、あたら取り返しのつかない失敗に終った建武の中興の如きを望まなかった。それでこそ「天下を治むるは文武の二事あるのみ、王室已(すで)に武備を以て幕府に委せ給へば、文教を以て自らの任とし給ふべきことなり」（『東潜夫論』）と封建的秩序のなかで主張した真意が、ますます生きて来るのである。

諭吉の皇室論

明治十五年福沢諭吉が、帝室は「政治社会外のもの」であって、「政治社会の塵埃中に陥りて、其無上の尊厳を害して」はならぬ。「帝室は独り万年の春にして、人民これを仰げば悠然として和気を催す可し。……何れも皆政治社会外に在るに非ざれば行はる可らざる事なり」（『福沢諭吉全集』五巻）と論断したことは、これより先の弘化時代の万里の持論と全く一致しているが、福沢の「皇室論」の前、国内の団結を堅くするという名目で、

公武合体思想への反撥

当時封建体制の危機を乗り切ろうとしてのまやかしの公武合体思想の如きに、目もくれなかった一儒者は、徳川時代の政情のなかで、皇室のあり方を忌憚なく説いたのである。要するに上の論旨に共通した思想的基盤には、前者から後者に受け継がれた合理主義的精神があったのである。

第八　脱藩東上の時代

一　七十の旅

万里が先覚者の歩みを示したのは、一つに彼が「踽々涼々（寂しくゆく）七十年、鏡中の白髪誰をして憐れましめん」（『余稿』）といった七十歳の時の事跡にかかっていた。弘化四年四月十日、日出を発した彼に「東遊道中」と題する五言律がある。

白髪故園の心

長路千里を過ぎ、軽齎（軽装）十金を倹す、
青雲他日の志、白髪故園の心。
新月留影無く、帰禽遠音あり、
人に乖きて慮る所多く、感激襟を沾さんと欲す。（『文集』）

われわれが万里の胸中を彼れ是れと忖度するよりも、上の四十字の底に彼の千万無量の感慨を汲みとる方が早道である。

切腹を覚悟して脱藩

彼の上京は藩の允許なき脱藩で、当時は脱藩者には切腹を命じ、さらに悪事をした脱藩者には打首の重刑を課する掟があった。しかも彼が高齢病軀をもって、切腹を覚悟してまでこの意表に出たのだから、いちずに思いつめてのことでもあったろうし、彼の胸中に嵐の如く吹き過ぎるものがあったからでもあろう。故国に心ひかれる老いた彼の胸には、不思議と年齢を超越した壮年の客気が潜んでいたかのように思われる。

いかなる事情があったのか

万里の突然の脱藩は、十四代木下俊方の東上留守中の出来事で、俊方はこれより先、弘化二年三月父俊敦にしたがって上京、その翌年八月十七歳で江戸において襲封し、そのまま留まっていた。俊方の上京に際しては、諄々と君臣の道の失わるべきでないことを若い世子に説いた万里が、一体何を考えたのか、西崦から

四国路を経て

忽然と姿を消したのである。これまで彼は数次、彼の言葉をかりれば「東遊を懇祈」したが、何故か藩はこれを許さなかった。その事由は藩内の事情にもよったであろうし、彼の真意を測り兼ねたからでもあったであろう。家老致仕(ちし)後とはいっても、一藩に重きをなす彼が、脱藩という非常手段に訴えたことは、さぞ藩の因循姑息(いんじゅんこそく)な当路者たちを驚愕させたに相違ない。その人たちは、弘化四年家老滝平之進・杉原藤十郎・山田次郎兵衛・同列座帆足蔵人(くらんど)（万里の甥）であった（『改訂大武鑑』）。

万里が夫人と門弟の野々瀬、日野・後藤の三人をしたがえて、山を下りて、東上の途に就いたのは、四月十日であり、翌十一日扁舟に身を托して、日出に近い里家(さとや)（現別府市亀川）から佐賀の関に渡り、ここで先発の岡松・加藤の二人と落ち合い、豊予海峡を横切って十三日伊予の八幡浜に上陸、阿波出身の野々瀬の案内で、その日大洲(おおず)にゆき、滞在中その地では明倫館に掲げてあった松岡高堅の書を激賞し、竜護山曹谿寺(そうけいじ)の樵禅(しょうぜん)に揮毫を乞われ、書いて贈った。十七日大洲発、川上への途

紀淡海峡を渡って

東福寺の採薪亭に落ち着く

上石鎚山を遠望、長吟を試みるなどして、伊予横断の旅をつづけ、川上・小松を経て、二十一日川之江に達し、二十三日は琴平詣りと旅路を重ね、二十八日撫養(むや)を発し、紀淡海峡を渡って、紀伊国海草郡加太(かだ)に着き、その地に鎮座の著名な淡島神社、万里のいう「泉尾紀頭の神女の祠(ほこら)」に詣でて、一篇の詩を作った後、二十九日泉州を経て、五月一日、日野・坂本に迎えられて、長途の旅路の果て、大坂の坂本宅に日暮れてたどり着いた。さらに三日に入京し、宗栞亭(そうかんてい)（真哉）の家に滞留した。彼にとっては二十五歳の享和二年以来四十五年振りにみる京であった。その後栞亭の家から東福寺の塔頭(たっちゅう)即宗院の採薪亭に移った。その間(かん)の事情を中村栗園は「宗栞亭墓表」の撰文のなかで、「帆足翁晩(おそ)く家を挈(ひっさ)げ京に来るや君の家に在ること累月(るいげつ)、学徒四来し、見を請ふ者日に多し。翁頗る之れを厭ふ。君東福寺内に一団焦(だんしょう)（草庵）を僦(しゅう)し（借りる）、修葺(しゅうしゅう)（家屋を繕ろい直す）以て翁を居らしめ、服食器物、備へて以て之れを奉ず。又朝夕安(やすらき)を問ふ」（『栗園文稿』）と述べて、万里の採薪亭移居は、全く師に厚かった宗栞亭の尽力に負うていたことを明らかにしている。

目刈より寂しい東福寺域

東福寺は三条大橋の正南より北の方二十六町も離れて、万里は近所には妓館もなく、修業に適していて、目刈より寂しい位であるといっている。彼は八ヵ月間、「流れに臨み亭子（あずまや）塵気（汚れた気）を絶つ」採薪亭に起臥したが、採薪亭の寒気は特に老いの身にこたえ、寺の食物はさすがに山中で粗食に慣れていた彼の口にも合わなかったらしく、住いを移したいと絶えず口にしながら、虚白上人との親交もあってか、とうとう在京中は引っ越さないままに終った。

京都での生活

京都では京坂在住の門人宗栞亭・日野鼎哉（ていさい）・坂本周行らが出入りし、勝田安石も万里の後を追って上京し、彼の相談相手になっていたから、彼の周囲はそれほど寂しいとはいえなかった。それに彼の名を聞いて訪うものも少なくはなかった。

二十人ばかりの弟子

また糊口を凌ぐよすがに、二十人ばかりの弟子をとってもいた。後年三十二代の天台座主となった同国人の赤松光映が彼を訪い、仏教のことで談論を交え、その後で彼が答訪したりしているし、桜井梅室や俳人でもあった東福寺の虚白上人とも親しく交わった。

在京中、万里は宗栞亭を案内役にして京洛の風光を愛で、上醍醐・下醍醐・銀閣・御室・寂光院等の勝地に杖を曳いた。高雄へ赴く途上、まろやかな衣笠山の山容がそのまま水面に倒影する広沢の池の情景を吟じ、高雄の窈窕（幽間の境）たる密林と淙々たる清渓を嘆賞し、建仁寺では四十五年前の遊学時代、その小庵に起臥したことに今昔の感を催し、鳥が雲葉（雲のかかる木葉）を穿って鳴く鞍馬寺を訪ねては、懐古の情にひたり、唐崎では蒼涼たる海色をたたえ、貝原益軒が「此谷中、山ふかく水清く」（『京城勝覧』）といった山中峠にまで足をのばした彼は、興に乗じて、「大津の妓女茜裙新たなり、奩鏡（鏡箱の鏡）初めて開きて粉面匂ふ」（原漢文）と賦し、大石良雄の遺墟を訪うた時、一村婦に林下の新碑にまで案内されたことを追懐し、南禅寺では少壮時の曽遊を回想し、翠微（山の中腹）に倚る野寺竜安寺では、池の渚に下りて、寒禽を驚起させ、詩仙堂に遊んでは、嵐翠（山気のみどり）の間に高士（石川丈山）の遺跡を偲ぶなど、彼の詩情の限りもないゆたかさをみせている。

ゆたかな詩情

こうして悠々山河に風懐を託した万里ではあったが、嘉永元年の元旦に勝田安石へ寄せた書簡の一つで、「新朝同慶、愈以御壮健御迎歳珍重存候。采薪亭珍敷歳を迎へ申候。……小子も金子稍乏敷相成申候、月末に至候者御隣端迄も帰度ものに御座候」（『帆足万里書簡集』）といっている。採薪亭で珍しい年を取ったという述懐は、ただそれだけのことではなく、彼にとっては後にも先にもなかったことであり、ただならぬ悲愴な心事が語られているかのようである。彼は東上のことを人に報ずるに、必ず「図らず」とか「拠なく」とかの言葉を添え、漂泊・流浪・落魄という表現をしばしば用い、「愧づ我が暮年浪跡多きを」の詩句もあったし、「老境狼狽」と自嘲の意をこめてもいた。

珍しい年を迎える

窮乏の日々

万里が仄暗い採薪亭で窮乏の日々を送ったことは、既出の安石へ弘化四年の暮に二十五両の借り入れの世話を頼んだり、京都在住の門弟の医師石川玄翠の不如意を救うための『傷寒論註』の上木（じょうぼく）に、三両の立て替えを申し入れていることなどで察せられるが、そういう意味でも彼はいわゆる流浪・落魄の痛苦を十分に味わい知っていたかのようである。

出奔は国のため

安石へ送った他の数通の書信には、いずれも「小子此節の出奔は実は国の為に致候事にて一身の為には無二御座一候、公子之方出来不レ致候ば永の御暇御取持可レ被レ下候」とか、「老夫は永の御暇願既に致し、弟子共引連西国に返り可レ申、其上は如何とも糊口（ここう）は出来可レ致候」（『帆足万里書簡集』）とかといったような沈痛の調を帯びた文言が、列ねられている。ここでいう国は、日出藩であり、「公子の方」というのは、江戸へ上る前、彼がその訓育に一心を傾けて、言葉を呈した木下俊方の側近に、侍読（じどく）をおくようにと建言したことである。だがそれも一向顧みられなかったし、もう一つの賞罰を正しくせよとの進言も藩は採り上げようとしなかった。

感情の対立

彼が永(なが)の暇を請う気持ちも察せられるが、根本は家老退職後、彼の峻厳果断に過ぎた改革を片っ端から壊わしていった藩状にあきたらなかったからであり、上京の動機の一半は、忠誠・剛直な彼と彼の後に藩の要路を固めた機会主義者たちとの間に鬱積した感情の対立である。いいかえれば、彼が藩内にたのみとすべき者を失い、孤立していったということにもなる。その結果万里もついに隠忍しきれないで、脱藩の挙に出たとみるべきではなかろうか。帰藩後、彼は養子の実父、日田代官所手附(てつき)の吉田快助宛ての書面で、「其後私弟子両人家老致し居申候、段々不レ宜致方有レ之候故、厳敷(きびしく)異見致し候処、却て私を恨候て色々之悪事を致し、私も無レ拠京都に参候処云々」(『帆足万里書簡集』)と述べている。

碑銘は黙して語らず

また碑銘が万里の生涯の大事であった晩年の上京に関して、一言半句も触れなかったのも、撰者が主命を帯びて、江戸から京に上り、師に帰藩を勧めた東嶠(とうきょう)であっただけに、この間の事情を問わず語らずで、甚だ微妙である。

二 帰藩

日出藩内での対人関係の問題にからんで、万里が出奔したのは、事の真相の一半を伝えているが、ただそれだけのことで、彼は好き好んで、羈旅の苦しみを嘗めたのであったろうか。そこに多少の疑問なきを得ない。

彼が豊後山間の草屋に晏如たり得なかったもう一つの理由は、結局時代の動きに敏感であったからでもあろう。彼の上にひたひたと打ち寄せる時代の激浪のなかに、彼は敢然と突っ込んでいって、自己の所懐を天下に用いさせようとしたのではなかったろうか。六年後の嘉永六年六月以来、ペリー艦隊が浦賀沖に出没し始めたのをきっかけに、国家は未曾有の動揺・混乱に陥ることになるが、これより先、科学の精神を理解し、海外の情勢に活眼を開いていた万里は、逸早くもアヘン戦争の凶報を耳にして、対外的危機感を深めていった。激動期に対処する急

大きな素志

務を喚起し、天下に警告するために、思いきった書き振りの『東潛夫論』の筆は執られた。殊に大学を新たに興し、教育を振い起そうとするのが、彼の大きな素志であった。そういう彼が頽齢(たいれい)をも顧みず、山川万里を踏んで東上したのも、さし迫る社会の緊迫感を歴史の大きな流れのなかで、身をもって鋭く感知し、鬱勃と押え難い先憂の志があったからだと考えられないであろうか。

想像の域にとどまる

万里の東上を極力阻止して、彼を日出藩という狭小な枠内に閉じ込めておこうとした藩が、百方手をつくして、帰藩をしきりに促して止まなかった周章・狼狽振りと思い合わせると、恐らくそれが事の真相の他の一半といえるような気もする。しかし彼が積極的に世の動きに係わろうとしたか、どうかを断定し得るきめ手は何一つないから、以上は飽くまでも想像の域にとどまっているのである。

さて一方、これより先木下俊方の旨を帯びて、江戸から六月十日京へ着いた東(とう)役(えき)中の米良(めら)東嶠・武野安太郎は、彼に帰藩を懇請して止まなかった。

かくして在京八ヵ月の「浪跡多き」生活を打ち切って、万里がいよいよ京を立ったのは、嘉永元年二月十七日、日出に帰り着いたのは翌月十日であった。

京を離れた日、彼はそぼ降る冷雨のなかを門弟三―四名を同伴、陸路大坂を経て、船で兵庫に到り、その夜は兵庫に泊り、その翌日海路明石に着いた。享和二年三月二日若き日大坂への海上より明石の錦江城を遠望して、「余の弟出でて金井氏の嗣と為り、赤石に在り、去歳以来、寂として音耗(いんもう)(安否の音信)無く、今此(ここ)に来り、海舶程(てい)を貪(むさぼ)るを以て、余も亦附載すれども、告報する能はず、咫尺(しせき)(距離のごく近いこと)天涯、之れが為に感傷、因って国詩一章を作る」(『文集』)と述べているように、彼をしてうたた感傷に堪えなからしめた弟は、すでに六年前の天保十三年病没していたが、二十二日まで明石の東中ノ丁の甥の家に滞留した。二十三日夕明石を解纜(かいらん)、播磨洋(なだ)を過ぎ、二十五日午後多度津着、舟人たちは象頭山(ぞうず)(琴平山・金刀比羅宮)に登ったが、雨中三里の難路で、彼はこの行に加わらなかった。二十六日の未明糸崎に着いた彼は、

久し振りに九州の土を踏む

夫人を舟に残して、芸備の門人二人その他とともに上陸して、門人本条某の家に宿り、二十七・八日、四日市・三原・広島と旅枕を重ねて、二十九日厳島に詣で、三十日錦帯橋を過ぎ、三月三日関門の海を渡って、久し振りに九州の土を踏んだ。それから豊前の門人たちの家々に伝宿して、中津・高田・立石(たていし)を経て、十日、日出城下に、約一ヵ月の旅の塵を払って、老脱藩者は帰り着いた。「薄遊(はくゆう)（しばらくの旅）幾日か空嚢を帯び、京国より帰来して旅装を解く。多謝す主人能く客を款(かん)するを、高斉（勉強するところ）一枕（一睡）是れ家郷」（『余稿』）の七言絶句は、彼の偽らぬ羈旅(きりょ)の愁(うれ)いをそのままの感懐であった。数名の門弟を同伴しての「風に身をまかせ」たかのような帰路の旅は、詳(つまびら)かにし得ないにしても、象頭山・糸崎・広島の先侯廟・厳島・錦帯橋・関門海峡等の山河の異(い)に接して、彼の詩嚢は思いのほかにみたされた。

自然と旅の詩人

事実、晩年の滞京と京への往復の旅は、彼が自然に心をやり、旅懐を深めた一つの機縁ともなり、頓(とみ)に賦詠(ふえい)が多く、詩什(しじゅう)は三十篇に達し、珍しくも彼を自然と旅の詩人たらしめたかのようである。

再び西崦の草舎へ

　万里の帰藩に安堵した藩は、切腹も、蟄居も命ぜなかった。京への往復の旅、在京中の心労は、角田九華へ宛てた書簡に、「両年百里之徒歩ニ疲、心形衰憊（衰え疲れる）復故吾ニ非ズ」（『帆足万里書簡集』）と告白している通りであった。彼は再び西崦の草舎に入って教授した。この年『東潛夫論』を再訂し、嘉永三年九月には『医学啓蒙』を執筆した。

第九　晩　年

一　国学に対する見方

森鷗外のみた『仮名考』

万里の七十歳の年にあたる弘化四年十月『仮名考』が書かれた。森鷗外に「仮名遣意見」という文章がある。それは明治四十一年六月二十六日臨時仮名遣調査委員会の第四回会合に、委員として出席した彼が述べた新仮名遣反対の意見である。そのなかで、鷗外は次のようにいっている。

漢学者の帆足万里先生、彼の人は嘉永五年に歿しました。彼の人の『仮名考』と云ふものに斯う云ふことが書いてあります。「今の世の仮名遣と云ふものは正理あるものにあらず、久しく用ゐなれぬれば、強て破らんも好からぬ業（わざ）なるべし。其の掟にたがひたりとてあながちに病むべからず。」是れは許容説の元祖とも言へませう。（『森鷗外集』昭和四十年刊）

誰よりも早く『仮名考』に着目した鷗外は、その趣意を理解して、紹介している。恐らく『仮名考』をこのように一般に提示（ていじ）したのは、鷗外が初めてであったであろう。

国学には不案内

万里は「素（もと）より国学には不案内の儀に候」（『帆足万里書簡集』）とか、「余の国詩におけるは、未だ学ぶに遑（いとま）あらざるなり」（『西崦余稿』）とかと述べて、みずから和学に通じている身振りを少しも示してもいなかったし、和学に関する著作も、一冊の『仮名考』のみであったことから、もちろん専門の和学者とはいえないかもしれないが、

果して門外漢か

全くの和学の門外漢ともいってしまえないようである。何故といって『仮名考』を初め、他の幾つかの自著の随所に、和学に対する彼一流の見解が閃（ひらめ）いているからである。

「天下を治むるは文武の二事あるのみ、王室已に武備を以て幕府に委せ給へば、文教を以て自らの任とし給ふべきなり」（『東潛夫論』）と彼自身明言したように、万里は王室を精神的権威の中心において、学問の振興をはかろうとした。明治十五年福沢諭吉が「我帝室は日本人民の精神を収攬するの中心なり」、あるいは「帝室は政治社会の外に立て高尚なる学問の中心となり……」（『福沢諭吉全集』五巻）と唱説したのも、先に唱えた万里の深慮をそのまま忠実に伝えているかのようである。とにかく彼は朱子学に固定化された幕府の昌平黌に対抗して、皇室が上納の三分の一を負担して、儒学・蘭学・仏学・和学の四学館から成る大学を平安の王朝以来文雅の伝統ある地、京都に創設することを構想していた。

和学館の設置とその教科

和学館では、「古事記・万葉集以下古言を明かにして、和歌・和文を教ゆべし」（『東潛夫論』）と指示しているが、万里が和学に対してどの程度の理解があったか、どのような理解の仕方であったかは多分に問題とされるにしても、弘化年代、大学の四学館の一つに、和学館を設置しようとしたことは、彼の和学重視の態度の一端をのぞかせるものである。

渉猟した範囲

万里が自著の幾つかで取り上げ、重点のおき方に軽重はあっても、古事記・祝詞(のりと)・万葉集・防人(さきもり)のうた・六国史(りっこくし)・格式律令・古語拾遺・竹取物語・宇津保物語・伊勢物語・源氏物語・土佐日記・貫之の大井川行幸和歌の序・古今集仮名序・仙源抄・無名抄(むみょうしょう)・芭蕉の誹諧・読本(よみほん)類、あるいは宗祇・真淵・宣長らに論評が及んでいることは、彼の和学の面での渉猟範囲の広さと知識の深さを端的に語っている。

和学重視の根拠

それではいかなる意味で、万里が和学を重視したのであろうか。彼の和学観は、当然「人倫の道」と「国家を治むるの道」を第一義とする儒者本来の立場に由来していて、修身治国の道に役立ってこそ、和学の意義の重要さはあるという考え方で、芸術に道徳的目的がなければ、すぐれたものではないと唱えたトルストイやラスキンと同様に、文学を道徳的効果によって判定する功利的態度が根底にあったことは否定し難い。

「詩のおしえ」と「書のおしえ」の関係

万里は詩経（詩のおしえ）と書経（書のおしえ）の関係を、「詩の教は物やはらかに心ふかく、よく人のうへをもおしはかりて人の過をゆるしつ、俗に人和ありといふものなり。是はいける人第一の教にして、孔子の教もまづ詩をこそ宗とはしつれ。されど是のみにては事のすぢめ立かねて、いつとなく何ごともくづれもて行ぬれば、孔子の教は次に書の教あり。書のをしへは先君臣五倫の道を正し、天文地理治国平天下の理を明らめ、何ごともすぢ立て崩れゆかぬを宗としたるものなり」（『仮名考』）として、情を主とした「詩のおしえ」すなわち「作為の否定」と、理を宗とした「書のおしえ」すなわち「作為」との相互関係を解明し、それらが歴史の上にいかなる姿をとって現われたかを振返って、次のように述べている。

平安遷都の後、文教日に衰へ、徒らに仏法をのみ尚び給ひ、是に加ふるに和歌の学盛になりて、淫風流行し、名倫の教、尽く敗れて、終に保元の乱をなせり。（『東潜夫論』）

今の京にうつらせ給ひしころより唐学び日々に衰へ、書の教くづれゆきて、唯詩教のみぞ行れける。源語の上にしても桐壺・朧月夜・玉鬘などいへる巻々にかけるはいとよからぬすぢにて、人のあるまじきこと也。これをしも源氏のことにかきつゞけぬるは式部の罪にもあらず、当時の人かゝる穢らはしき行をあるまじきことゝも思はざりしゆゑ也。朝廷のならはしかゝりしかば名倫のをしへ尽くみだれて、自ら保元の乱れも出来て王室まつりごとを失ひ給ひし也。（『仮名考』）

本邦王朝の如きは中古以来専ら国詩を以て教と為し、源勢諸語（『源氏物語』『伊勢物語』）載する所見るべし。其究まりて偷惰（怠ること）・儒弱に至る者も亦愚の失なり。（『入学新論』）

以上趣意はいずれも、大同小異で、要するに漢学＝唐学び＝孔子のおしえ＝「書

「詩のおしえ」の偏重

のおしえ」が軽視され、排除されて、代りに和歌の学〃国詩〃「詩のおしえ」が流行し、偏重された結果が歴史を変え、動かす大きな力となったと論断するのである。それはそのような精神的構造のみに視点をおく儒者流の歴史観とみられると同時に、彼が一面歴史を動かす力を人間に求めていたとも考えられる。藤原時代(摂関時代)・院政時代という歴史的社会は、万里にいわせれば、「かかる穢らはしき行をあるまじきことゝも思はざりし」人間によって形成され、「書のおしえ」を放擲(ほうてき)して、「詩のおしえ」へと滔々と流れていったからこそ、「淫風流行し、名倫の教尽く敗れ」る貴族社会が成立し、優美化・軟弱化・無気力化・形式化の風潮をますます促進していった。和辻哲郎は、

和辻哲郎の見解

……意力の不足の著しい時代である。……意力の緊張・剛強・壮烈等を讃美するこころや、意力の弱さに起因する一切の醜さを正当に評価する力は、全然欠けている。……かく徹底の傾向を欠いた、衝動追迫の力なき、しかも感

受性においては鋭敏な、思慕の情の強い詠嘆の心、それこそ「物のあはれ」なる言葉に最もふさわしい心である。（『日本精神史研究』）

といって、時代の精神的特質をとらえているが、万里もそのような社会と文学の関係に触れている。紫式部という作者の個性なり、心情なりが、「人のあるまじきこと」を主題に選択し、決定したというよりは、時代の風潮がそうさせた——あるいはもっとうがった見方をすれば、「源氏」という有名な周知の題材があって、紫式部はただそれを使ったに過ぎなかった——というふうにみて、作者に多大の同情を示していて、彼があながち儒教的道徳主義の立場に膠着していなかったという一つの反証をもあたえている。

紫式部への理解

二　『源氏物語』観

万里は「上世の教は左の物は左におき、右の物は右におき、すくよかにいつは

「大和歌の教え」を讃美

りなく過をあらため、身をすゝやかにもたるをむねとはなしぬ。誠に上もなきよき教へにて、君も人もこゝろをあはせて千年あまりも平けく治りけらし」（『仮名考』）といい、あるいは「かれ神の世の教はすくよかにかざりなく過を改め、すがすがしくなりぬるを宗とはなし給ひぬ」（『仮名考』）と述べて、「上世の教」、ないし「神の世の教」とそれによる漠然と上世という名の千年余の和楽平安の治世に対する讃美のひたむきな心を示して、「大和歌の教」を「神の教」の核心として、「大和歌の教は尚残り、下をめぐみいたはりて、かりにもあらきことはなし給はず」（『仮名考』）とか、「吾邦は文字はなけれど、上世の風いとみやびかなること唐にすぎたり。……神武帝東征のとき、常に和歌をもて御こゝろざしをのべ給へり。其ことおゝしくすぐよかにして、帝のうるはしくみやびかにおはせしも思ひしらるゝ也」（『仮名考』）とかというように、「大和歌の教」に心酔した万里が、それによって伝統的に培われた日本人固有の心性である「うるはしくみやびか」な心の直接的なひ

真淵・宣長と同調した点

びきとして、和歌の深い意味をとらえたのは、真淵が『万葉集』に「古人の直くして心高く雅びたる」（『歌意考』）を見出し、宣長が「心ことばのうるはしく雅なるにめでてあはれと思ふ」（『石上私淑言（いそのかみささめごと）』）を第一義としたのと何ほどの隔りもなかった。

また「物語」についても、

古しへの物語は皆浅々しきものなれど、勢語はやゝ実に近くして浅はかなる病すくなし。源語は閨閤のことをかきていとみだりがわしけれど、ふかく人情世態に立入りて其筆力いと高く、略竜門の史（『史記』をいう）と抗行すべし。およそもの語りてふものは皆大和歌のをしへにして即ち詩教也。（『仮名考』）

勢語・源語は棄つべきに非ず

勢語・源語も又棄つべきに非ず。……勢語・源語皆詩の教へなり。試みに源語を看るべし。是寓言なれど当時の好尚を見るに足る。当時の人いかにも奥深く温厚にして、絶えて武人粗卑の態なし。温柔敦厚は詩の教なりと云ふによくかなへり。（『東潛夫論』）

模写もまた至れり

人情世態の描写

坪内逍遙の『小説神髄』

勢源の二語載する所、事固より鄙褻(卑しくて)道ふに足らず。而して其の人情世態に於けるや摹写も亦至れり。彼の邦の稗官(小説家)の徒此の如く其の巧なる者有らず、其旨趣在る所を究め、怨みて怒らず、以て之れを蔽ふに足る、楽しみて淫せず、則ち断乎として之れ無し。蓋し本邦諸語は皆詩教なり、温柔敦厚余り有、其の弊の愚を為すは則ち未だ免れ能はざるなり。(「肄業余稿」)

以上の抄出によっても、簡潔な表現で、写実小説としての『源氏』の真髄を物の見事にとらえていた万里の意は十分に尽きている。彼が『源氏』に下した「ふかく人情世態に立入りて、其筆力いと高く」、あるいは「其人情世態に於けるや摹写も亦至れり」の評語は、明治十九年になって坪内逍遙が「小説の主脳は人情なり。世態風俗これに次ぐ」を『小説神髄』の本旨とした精神にも通じていた。逍遙の主張した「模写小説」はリアリズムであり、万里も『源氏』が「怨みて怒らず、……楽しみて淫せず」といいきったような人情のリアルな描写であったこ安藤為章の『紫家七論』

とを認めて、「摹写(もしゃ)も亦至れり」の讃辞とまでなった。元禄十六年九月『紫家七論』を書き上げた安藤為章(ためあきら)が、その五、「作者の本意」で、

此物語もっぱら人情(ひとのこころ)、世態(よのありさま)を画いてかみ中しもの風儀・用意をしめし、事を色によせて美刺(ほめそしり)を詞(ことば)にあらはす、見る人をしてよしあしを定めしむ。
(『紫家七論』天保十四年写本)

と述べたのも、『源氏』を人情世態の描写として着眼した一つの先蹤(せんしょう)とみられるが、本居宣長は、

本居宣長の見解

此物語には、さるくだ〳〵しきくま〴〵まで、のこるかたなく、いともくはしくこまかに書きあらはしたること、くもりなき鏡にうつしてむかひたらむがごとくにて、大かた人の情(こころ)のあるやうを書るさまはやまともろこし、いにしへ今ゆくさきにも、たぐふべきふみはあらじとぞおぼゆる。又すべて巻々の中に珍らしくおどろ〳〵しく、めさむるやうの事は、をさ〳〵なくて、は

じめよりをはりまで、たゞよのつねの、なだらかなる事の、同じやうなるすぢをのみいひて、いと長き書なれども、よむにうるさくおぼゆることなく、うむことはなくて、ただつゞきゆかしくのみぞおぼゆるかし。（『玉のをぐし』）

と述べて、『源氏物語』が「人の情のあるやう」と「よのつねの、なだらかなる事の、同じやうなるすぢ」を描き出して、「よむ人の心を感ぜしめ、もののあはれをしらせた」（『玉のをぐし』）写実小説であるゆえんを力説して、

これはさしも長き書にて、年月をわたれども、いささかもうむこゝろいでこず、たびごとに、はじめてよみたらむここちして、めづらしくおかしくのみおぼゆるにも、いみじくすぐれたるほどはしられて、かへす〴〵めでたくなん。（『玉のをぐし』）

二者の『源氏物語』観

と絶賛を惜しまなかった。このように委曲をつくした宣長の見解と考え合わせて、上の簡潔に過ぎた万里の『源氏物語』観にも、その本旨において宣長のそれと一

致していたことは見逃されないし、また宣長が、「物語は……又国をも家をも身をも、をさむべきをしへにもあらず、ただよの中のものがたりなるがゆゑに、さるすぢの善悪の論はしばらくさしおきて、さしもかかはらず……」（『玉のをぐし』）といったのと、万里が「……載する所、事固(もと)より鄙褻(ひせつい)道ふに足らず」（前出）と断じたのと全く同工異曲といわざるを得ない。

批評眼の確かさ

　とにかく上の如く彼は儒者の立場からではあっても、片言隻語のうちにも、理解の行き届いた批評眼の確かさを示したといえる。万里は「上世の風いとみやびやかなこと」を知り、「古言を明かにし、上古の風習をも観る」要を説き、「うるはしくみやびかにおはせし御こゝろざしを常にのべ給へる」神武帝の和歌を例に引いて、「大和うたの教」の貴ぶ所以を力説し、『源氏物語』に古人の「みやびたる情(こころ)」を感じ、「大和うたのをしへ」にかなっているとしたのである。

三　国学者批判

上代への憧憬

上代には天地自然のままのいわゆる「古の道」「神代の道」があって、人はおのずからそれにしたがうので、別に教えられなくても、人の心は真直(まっすぐ)であったといった真淵や、道は神の定め、または始めたもので、この道（天皇の政治の道）があるからこそ、わが国は尊く、一般の人の道も、真心を失わなければ、それが神意にかなった自然のままの生活であると考えた宣長らの国学者たちと、彼は端なくも上代へ憧憬を寄せた尚古(しょうこ)主義者たる点では、一致していた。ただ国学者たちは、わが国の道が、人の作った「聖人の道」と対立した自然の道であって、

から国はよろづの事にさかしらがる癖なれば、古き詩をもあながちに教誡の方へのみ引こみ、又あらたに作る人もそのならひをまぬかれず。わが御国は大御神の御国にて、よろづみやびやかなるならはしなれば、歌など採あげて

> 世をまつりごつ道のたすけとし、又上を諷じ下を化するなどやうなること〴〵しき事はなかりき。（『石上私淑言』）

と強調して、儒教の道を「こちたき私智」として排撃しておかなかった。万里がこれに対して、国土・民族・性情・伝統といった特異性を度外視して、すべてを「先王の道」に結びつけ、神儒の融合に一応合理性を見出そうとしたことは、儒学者流の仮託といえば、それまではあるが、「大和歌のおしえ」が詩教であって、「神道は忠信を以て宗と為し、明潔過を改むるを以て、行を為すは皆孔子の道と異なることなし」（『入学新論』）といっているように、孔子の道が神道と一致していたことを力説して、「真の和学」という彼独自の和学に対する見解を次のように展開した。

真の和学

> 真の和学は先づ六史を読みて、その漢文に引かれて事実を失へる処は古事記にて是を正し、次に格式律令を読みて、先王経国の法を明らめ、野史・小説

の寓言ならぬは皆読みて、戦法・古今の異・地理・物産・風俗の勇怯・土地の肥瘠・海路の迂直・当今の要務を尽く講究して上の采用に供すべし。旁ら古事記・万葉を読み、古言を明かにし、上古の風習をも観るべし。勢語・源語も又棄つべきに非ず。(『東潜夫論』)

右は、彼が構想した大学で教授しようとした和学の教科内容であるが、さらに、

六史といひていと正しきふみもみな唐ぶりのふみ也。かれ皇邦のこと学ばんと思ふものはまづ唐学びをして唐ぶみをよく明らめ、さて六史以下律令格式のふみなどつぎつぎ明らめぬるを神道とも和学ともふすべけれ。(『仮名考』)

といって、国史の伝統の典拠を、正統的な史書である『六国史』に求めた彼は、

『古事記』の参照

『六国史』は漢学の影響で事実を潤色しているので、『古事記』を参照して、正しく読むことの必要を説いた。その理由は「稗田の阿礼が誦せしは、ことこそ上世のことなれ、いへる言葉は皆其ころの言葉にこそあるべけれ、されば安麻呂卿の

古事記はことのみ詮として言葉をば詮としたまはず」（『仮名考』）であったからで、彼も『古事記』の言葉でなく、事実を尊重したのである。「唐にもあらじ大和にもあらず、なぞなぞとかいへるもののごとき書きさま」（『仮名考』）の『古事記』『万葉』の古言を闡明することを「真の和学」のうちに含めた目的は、「上古の風習」を観るためであって、真淵・宣長の如く、語句・文章の研究にたよってのみ、復古思想を唱道することを神道ないし和学とみるわけにはゆかなかった。

古言の闡明

神道の歴史

万里はひと通り神道の歴史を、

> 吾邦は文字もなき国ゆゑ、古神道の教へは有りながら、神道といふ名も漢学伝はりて後付けし也。（中略）応神帝、漢学を興して、神教の細節、未だ備はらざるものを補ひ給ひしより神道も稍成就したりと謂ふべし。故に神道は元国家を治むるの道にして、巫祝（神事をつかさどる人）の道に非ず、巫祝は神に事ふるの役人のみ。中古の時、僧空海、神道を仏教に引合せ、後世是を両部神道と名付

けたり。是よりして神道あらぬものとなりたり。山崎闇斎是を嫉みて、尽く其言を紬けて、更に陰陽五行などの漢説とは云ひながら儒教にもあらぬ物を捏合す。賀茂真淵・本居宣長が徒、更に其非を斥して、尽く漢説を除きて、古に復せんことを求む。一通りは尤もなれど、真淵・宣長元是文人にして、更に教へを興すの人に非ず。（中略）又崇神・応神二帝の御心を知らぬ故、其学ぶ所、巫祝の作法、さては歌学のみなり。絶えて身を修め、国を治むるの説なし。是豈神道とするに足らんや。（『東潜夫論』）

歌学のみの真淵・宣長

と略叙した後で、

神道は本居宣長が、神代巻を漢文に書きて文飾あるを嫌ひて、専ら古事記を読む……。本居は和学の力にて、強て和文になして読ども、日本の古代の言葉とも覚えぬ事数々あり、畢竟日本古代の言葉正しくは伝はらぬものなり。真淵・本居の輩素より歌学より神道に入りたるものにて、……真淵・本居も

正しく伝わらぬ日本古代の言葉

歌学者なり、若し真の神道者ならば、過をはらひ清め、善にうつるの道を主とし、心も身もすなほに治る事を専ら人に教ふべきに、左はなくして、只だ古事記・万葉集などに一生の力を入れて、読みもし解釈も作れるなり。（『三教大意』）

と断じて、彼らが古文・古歌を精密に研究して、人為的でない自然の道理としての古道を明らかにしようとした努力を一応認めているにも拘わらず、古語・古典の解釈・研究と、神道の非論理的な結びつけを鋭く指摘し、「かれ今の世の大和学びといふもの、多はうた学びにて実の神道・和学とはもふしがたくやあらん」（『仮名考』）と手きびしく極めつけたのである。

上のように万里が、神道・和学とは六史以下律令格式を明らかにすることであるとした思想的根拠は、言語・音韻の研究から到達したので、その見解は『仮名考』に披瀝されているが（『窮理通』の「諸生」および『入学新論』の「原名」においても、文字の発生・進化を同じく問題としている）、それによると、片仮名は漢字の偏旁をとり、平仮名は草書をはなはだ略したもので、謄写の労を省くために、誰が作るともなくできたと仮名の起原を説き、漢学が伝わってから漢文の直訳が用いられたが、一方和文ができていなかったので、漢文でも、和文でもないもので書かれたのは『古事記』『万葉』で、『竹取』『空穂』は和文で書かれた最初のもので、「言葉はいとみやびたれど、かけることども皆あさ〳〵しく、児女子のもてあそびものなり」(『仮名考』)とその内容の浅薄さを語り、さらに和文で綴った最初の日記文学である『土佐日記』を取り上げ、女性のみが仮名文を書いた時代にあって、紀貫之は女性に仮託して書いたと解明している。また弘法大師が仮名の文字の数を定め、批点で濁音を記したこと、定家の仮名づかいも「をうゑへいゐひ」等の文字が紛れやすいので定めたことで、別に正しい理があるのではないといい、唐の平声・上声・去声・入声の四声、天竺の男声・女声・非男非女声の三声の如き音韻のことに言及し、あいうえおの五文字は字母で、すべての文字がこの字母より生ずる

『土佐日記』

ことは、天竺・オランダも同じで、わが仮名は清濁はわかるが、軽重はわけ難く、オランダの二十五字も同様で、梵文は軽重を詳しくわけ、唐の文字にも軽重はあると論じ、次に漢音・呉音は朝鮮から伝来した字音で、『日本書紀』和歌の直訳が漢呉音を混用しているから、仏典の伝わったころからであろうと推定し、漢音・呉音ともに訛音であり、唐で漢音というのは、その邦の正音であると述べている。

音韻に関心

このような言葉の研究から、仮名は皆唐の文字で、古は和文がなかったので、「正しき史」である六史も漢文で書かれた。したがって「皇邦のこと」を学ぼうとするものは、先ず漢学を修めて、六史以下律令格式を明らめなければならないという結論に達した。彼が『仮名考』で、

上にも論ぜしごと、古事記・万葉のかきざまはいとつたなくみだりがはしきものにて、今の世にしてはことによみときがたけれど、此はかける人のあし

きにて、よむ人のつたなきにあらず、かれ万葉のかきざまは、今の世にしてはたえて学ぶまじきをや。此をしもたへに巧なるものと思へるは学びの道によくもたどらぬ人にこそあれ。

真淵を批判

といったのは、真淵を指していたとしか受け取れない。

皇邦のむかしの言葉は和歌の外は伝はり侍らず、祝辞(のりと)などあれど後の世より補ひたるものと承り侍りぬ。かつ此(こ)は漢の祭文(さいぶん)の類ひにて、人々朝な夕な言かはしぬる言葉とはやゝけぢめあるもの也。あれが誦したるもそのころの言葉にてかきざまいとことなれば、大和学(まなび)する人のよみときぬるも、人々ちがひて何れ(いず)をよしとも分ちがたくこそあれ。

宣長を批判

といった真意には、古言によってのみ古道を明らかにしようとした宣長の態度に対する批判が含まれていた。万里は宣長が尊重した古言の本質を学問的に推究して、阿礼の誦した言が、その当時の言葉に過ぎなく、宣長の如く古言を失わぬのを主としたとは考えなかった。若し真の古語であれば、太安万侶（おおのやすまろ）は皆直訳で書く筈であると断定した。

岡松甕谷の批評

『仮名考』に序した門弟岡松辰が、「独りなんぞ輓近（ばんきん）の学者務めて鑿空（さっくう）（空論の議）を為し、以て昧者（まいしゃ）を誑（たぶら）かす。帆足先生因つて此の編を著はし、以て之れを糾（ただ）すこと、爬羅抉剔（はらけってき）（欠点をあばき出すこと）略（ほぼ）余蘊（うん）無く、以て学者の蒙を発（ひら）くに足る」（原漢文）といったのも、直毘霊（なおびのみたま）なるものを想定し、古道を顕現させようとした国学者たちの非学問的な態度への反撥とみられる。

西周の批評

西周（あまね）が、「しかしながら近来の国学者と称するものの弊たる二ツあり。一つは徒らに古昔の言葉及び其他の事を穿鑿（せんさく）して今を知ること薄く、一つは徒に和歌に流れて文章を知らざる是なり」（『西周全集』一巻）と述べたのも、国学に加えられた一つの批判であった。その意味で『仮名考』は、言葉の研究から「大和うたのをしへ」に至る過程を解明して余すところのない貴重な文献といわれるであろう。

四　俳諧に遊ぶ

虚白・梅室らと風交

万里が晩年京都に足をとどめた時代、彼は梅室や蘭更門の俳人として知られた東福寺の虚白と風交を重ねていた。そして弘化四年十月晦日東福寺臥雲軒において「おほけなき錦の床や散る紅葉」の辞世を遺して帰寂した涼蔭園虚白を哭した彼の句は、

　有し世の木の葉の夢に今朝の霜

梅室の句は、

　茶の烟字をかく様にたなびきて

このようなことから俳諧に遊んだ万里が、当然頭に浮かんで来ざるを得ない。

竹田の『黄檗紀行』

山陽が跋文を書いた竹田の『黄檗紀行』は、四十六歳の文政五年正月二十五日竹田荘を立って、海路、杵築に到り、滞留二十数日の後、陸行帰郷した三月十五

日までの記録であるが、その帰途三月四日帆足万里を日出城下に訪うた竹田が、「余の友伊樵溪、嘗て舟を城下に泊め、詩を作りて、句あり。いはく、想ふらく

詩人に非ず

詩人帆万里、幾年か江上風烟を領すと。実にこれ経生にして、詩人に非ざるなり」（原漢文）と紀行のなかでいっているように、万里の本領は本来詩人たることになかった。事実、万里は師の愚山が「詩は我情を咏じ興を寄する具なり、余力を以てつとめはげむべき事」（愚山塾則）と教えた言葉をそのまま遵守し、実践した意味での

『遠思楼詩鈔』序

詩人であった。彼自身も天保七年淡窓の『遠思楼詩鈔』の序で、「余の詩に於けるは、いはゆる知らずして之れを為す者」と述べてもいる。だが彼が詩にきびし

六如・茶山・山陽に対する批評

い眼識を具えていたことは、淡窓への書簡に、僧六如・菅茶山・頼山陽をそれぞれ評して、「六如は書を読み、ただ資り、以て詩を作る。家に一大冊を置き、行けば、則ち之れを佩び、一句を得れば、門に分ち、収録す。詩を作るに遇ひ、湊合（集め合わす）、篇を成す。故に剪裁（切り計ること）勤むと雖も、開闔（開けひろげること）・排蕩（払い除けること）

の妙なし。茶山は稍天趣あり、才学未だ高からず、蕪類（粗雑なこと）去らざるは、貧家客を招くが如く、力を尽して措弁（取りさばき処置すること）、終に貴人の口に適ふ能はず。子成は天才宏麗、自ら二家を圧倒するに足る。然れども中年詩を作り、力、精に暇あらず。其の近体の断句、瑜瑕（美しいのと瑕のあるのと）掩はず、歌行（古体詩の一体）に至りては、概ね長語多く、一篇の瑕疵無き者を求むるも、得べからざるなり」（『余稿』）といって、上国凡陋の風と評し去っているのでも察しられる。

万里が「大抵の詩は情を主とす。故にその温麗を欲す」（『修辞通』）とか、「凡そ人の情は、物に遇つて、感なき能はず。感じてここに積み、積みてここに動き、宣べて文辞となり、発して歌詠となるは、勢の必至なり。……故に曲隠（奥まり隠れた箇所）の情、窮約（不如意なこと）の思、皆見はれざるはなく、晰かならざるはなきなり」（『余稿』）とかといっているのは、彼の詩論の一端と受け取られもしよう。この曲隠の情・窮約の思いが、十七文字の短詩形の表現をとれば、俳句となるであろう。そこで彼が特に句作に長じていたとはいえないにしても、俳趣味があって、俳句に遊んだことは事実のようで、それを証するに足る資料が幾つかある。

三人の俳友たち

万里の俳友には豊後高田の金谷弗水（ふっすい）、日出の鷺洲（ろしゅう）・蘇山の三俳人がいた。弗水は初め春波と号し、月化の弟子で、淡窓とも親交があり、『秋風庵発句集』を上木（じょうぼく）し、豊後の俳壇に多少名も知られていたが、鷺洲・蘇山は、全く無名の俳人といってもよく、万里は前者について、「予の識（し）る所の鷺洲は諧歌（かいか）を善くし、書を好み、市井（しせい）の間に隠る。恢奇（かいき）（志のひろくすぐれている）多聞の士、我が邑に過ぎたる者亦皆鷺洲氏を主とす」（『文集』）と述べていて、竹田によれば、鷺洲は竹田荘を訪れたこともあったようである。後者については、万里の「蘇山道人伝」「蘇山後伝」が、その人となりを生き生きと語り伝えている。蘇山は越後の人、蘇山の俳名も、その郷国の山の守門（すもん）嶽から採ったものであるが、『大日本地名辞書』には、「守門嶽（すもんだけ）は又蘇門にも作る、古志、南蒲及び北魚沼郡界にあたり、東は会津郡の連嶺に並ぶ。

標高一千九百余米、守門は名義不詳」とある。幼時から俳諧を好み、江戸の鈴木道彦（金令舎）にしたがい、その死後、京都の成田蒼虬に就き、天保年中、九州に来遊し、「已に諧歌を学ぶ、書を読まざるべからず」と発心して、万里の門に入った

漂泊の俳人

が、漂泊つねなきもののようであった。「その人となり好一箇の仏」と評した万里が、この飄逸奇行の田舎回りの放浪俳人について、重厚な彼にしては珍しく軽妙洒脱の前記の二文を綴ったことは、他面蘇山を俳友とした万里その人の寛闊な人となりを語っているようでもある。

句作に興ず

彼は弗水・鷺洲・蘇山と交わって、時に句作に興ずることもあった。それは儒学の重味から解放された自由な自己表現であった。彼の平淡な趣に富んだ数句を録してみれば、京都滞留中の作として、

一寸来て泥とりおとす燕かな

「落柿舎に入りて」と題して、

赤き実は一つもなくて秋淋し

杜甫(とほ)の「春水岸根深」の詩句を即興的に訳して、

　春の水岸根〳〵の深さかな

その他、

　梅笑(えみ)て寒さを雲はまたせけり
　遠里(おちさと)は寝覚の後の砧(きぬた)かな
　木(こ)がくれて身をこそ啼(な)かめ子規(ほととぎす)

五　芭蕉追慕

ほぼ同時代の漢詩人たちも、芭蕉の句を称賛していたので、必ずしも万里独りのみに指を屈することでもないが、彼の「蕉翁のさびしをりを慕」う心は異常に強く、彼の鷺洲のための芭蕉翁賛は、「吾れ和歌を観るに、詩の教へを以て成る、降りて季世に及び、乃ち情に淫す、嗟彼(ああ)の蕉翁、夙(つと)に簪纓(しんえい)(高官の人)を遁れ、片言要を

「風雅の誠」を解す

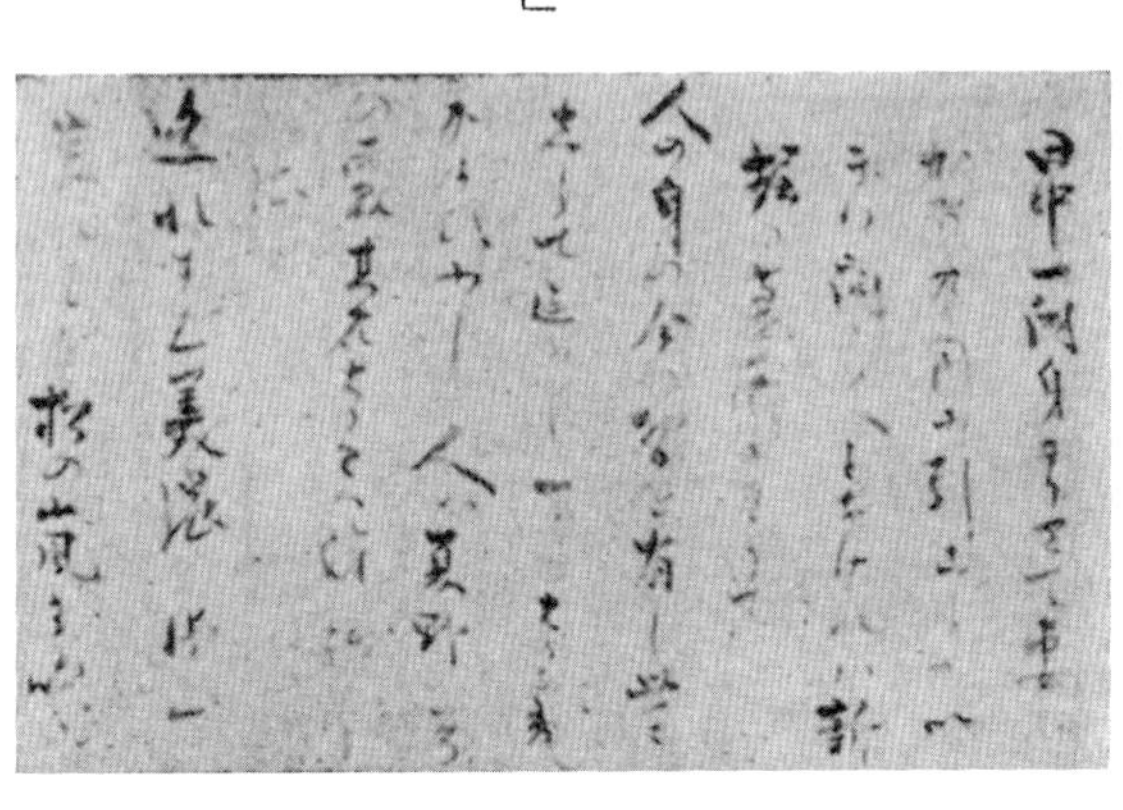

（東福寺採薪亭にて写せるもの，著者蔵）

立て、諷誦斯に明か、物表に嚼然（浄きか）とし、幽人（静寂を愛する人）の貞なり」（『西崦余稿』）とある。また「芭蕉翁誹諧連歌の巧みなるは、彼邦にもたぐひあることなし、誹諧連歌は連歌に本づきて兼て韓孟聯句の趣をとり、其影写変化の妙遠く連歌聯句の上に出たり」（『仮名考』）と述べている。いずれも「風雅の誠」を解し、俳句の妙味をとらえた言葉といわねばならない。

　万里は弘化四年東福寺の採薪亭に仮寓中、「田中一閑身まかりて、妻は加賀の国に引こしていまは問ふ人もなければ、新堀の墓所にまかりて」と詞書きされた芭蕉の次のような

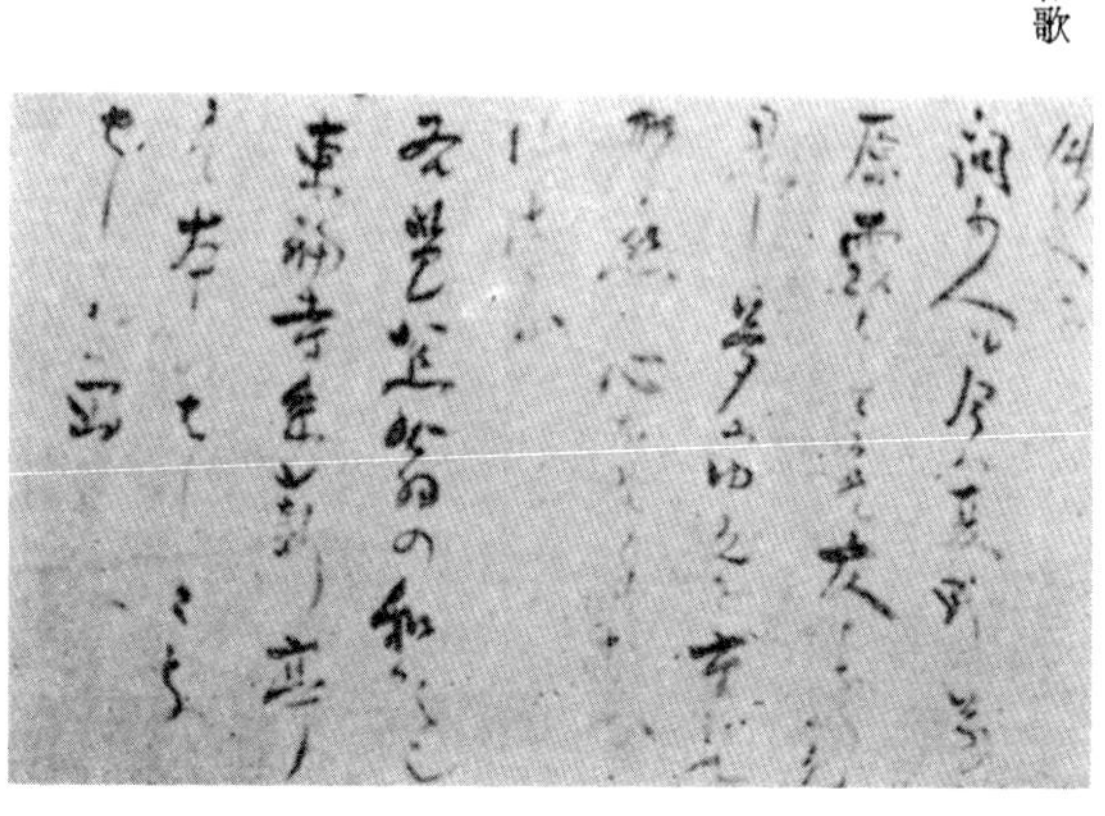

帆足万里筆蹟

和歌数首（著者蔵）に目を留めて、書き写した。

人の身の今の習を有し世にしらで
　過にしことぞはかなき
かよひにし人は夏野の草の露
　其名ばかりは消残りぬる
逸(のが)れすむ美濃の御山の哀れさを
　松の嵐に吹も伝へよ
問ふ人も今は夏野の草の原
　露ばかりこそ友となるらめ
見し夢にゆめを重ねてかた糸の
　心ぼそくもおもひけるかな

もちろん万里は右の挽歌を芭蕉の作と信じ

成美の『随斎諧話』

て、疑わなかったからこそ、珍しく思って、書き留めたに違いなかったろうし、万里自身脱藩していて、流離の境にあったがゆえに、さながら歔欷するがように、亡き人を追惜する芭蕉の惻々のひたごころにひとしお強く打たれたのでもあったろうし、もう一つ重視されることは、常日ごろ芭蕉を追慕して止まない深い心ばえが、そうさせたのでもあったろうと想像する。右の五首は多少の語句の異同はあるが、とにかく芭蕉の挽歌（七首）として、夏目成美が収録した『随斎諧話』（文政二年刊）に載っていて、成美は「信濃上諏訪李郭が許に芭蕉白染の和歌七首を蔵せり、みな哀傷の作なり」と述べている。またそれらは仏兮（ぶっけい）・湖中の編した『俳諧一葉集』（文政十年刊）にも収められている。そのようにこの和歌は芭蕉の作として今日まで一応通って来ている。しかし田中一閑なる人物は芭蕉と何のゆかりもない人であるという説があり、そうなれば芭蕉の和歌の信憑（しんぴょう）性は一挙にくつがえされることになるが、問題はまたおのずから別である。

さてこのような万里が、暘城罷士（暘城は日出城の別名）の名で、淡窓の伯父秋風庵月化の遺稿『秋風庵文集』に序を寄せたのも、当然過ぎることである。同じ文集に序した蒼虬によれば、「豊後秋風庵月化老人は日田の哥ふ地をゑらみ住て久しく秋風の静なるを楽むばせを葉の破れやすきを愛すといはれし祖翁（芭蕉）のこころにもかなへり、俳諧はなにはの大江丸陀岳の徒にして……」とあるように、月化は当時九州俳壇に重きをなしていた。

秋風庵月化

月化の歩んだ道

「浪華の春思に答ふ消息」で、彼が『五元集』（其角の自選句集）を俳道に入る栞にしたこと、大江丸をして「分て半時庵淡々は……教外の師とも仰なれ」（『俳諧袋』）といわしめた大坂の其角門の淡々の骨気老成を慕ったが、物故後であったので、二十歳の時その高弟の京都在住の松木竿秋の香稲庵をたたいたこと、それから江戸・浪華で句作に努めたことを述べ、

もとは一株のばせを葉の陰を仰ぎて学び候も、師によりて何流角流といひな

> らはせしより、おのづから水波の備ありて交も疏くおし移り候。かくて其のち蕉門を唱へ候人々にも訪れ候よりして、はつかばかりも名もしられ候は此十年余りにもなるべく候。

と彼自身語っている。

パトロンの役

月化が「天明のはじめの年此日田の郡堀田といへる所に閑居の地を占む。席十二畳をふた間にして雅客のために庵をまうく」（『秋風庵記』）といった秋風庵の客となったものは数多く、天明二年ごろ日田に来て、滞在中、その地の連衆と歌仙を十回も興行し、地方俳人約六十名が寄せた句集を編むなど、日田俳壇に多大の影響をあたえた八千房舎桲や、天明九年ごろ滞留していた大坂の無々庵冬陽の如きがあげられるが、月化は遊歴の俳匠たちを迎えて遇したパトロンの役を果していた。淡窓は秋風庵に出入りした湖時雨・吐竜（秋風庵三世）・魚洞・仁里・葵亭・五嶺・其争・南美・朗都・鳳洲の如き土地の俳人の名をあげているが、そのうち士朗門の夜雨

活気に満ちた日田俳壇

三儒者が揃って

園葵亭が一番世に知られていた。すなわち上のことは、月化・桃秋・淡窓・旭荘といった広瀬一門を中心として、その前に『菊の道』（蕉門の句集、元禄十三年刊）の紫白女を初め、朱拙・野紅、その妻で野坡門のりん女、さらに西国とその一族の西六・西来・西女らが出ており、支考・惟然・野坡・涼菟・露川も訪れて句を遺した日田の地だけあって、相当高度の俳文学の種子が蒔かれていたことを語っている。

『秋風庵文集』の編集にあたったのは、月化の弟で、淡窓の父の長春庵桃秋（秋風庵二世）・弗水・玉来であったが、先ず文政十年弗水が逝き、天保三年玉来が死去したので、天保三年四月二十二日桃秋の命で、淡窓が遺稿を校訂し、発句一巻・文二巻上梓の予定で、棣園・南陔の二家弟が上坂したが、九月二十二日発句を除いて、文二巻上木の運びとなったのは、月化が没した文政五年から十年も過ぎた天保三年のことであった。『秋風庵文集』には、弗水の手を経てすでに文政十年に請い求めてあった万里の序のほかに、亀井昭陽の序、淡窓の跋があり、豊筑の三儒者

『秋風庵文集』序

ばせを葉の陰を仰ぐ

が揃って、その序跋を飾ったことは、まことに珍重すべきで、殊に弗水との関係で、あるいは秋風庵月化門の一人といっていいかもしれない万里が、昭陽・淡窓の漢文体に伍し、「月化翁の発句は骨気雄高、実に晋子（其角の別号）の流亜也。あげまきの若かりし世は淡々の姿を好み物し給ひしと聞つるに、今ははや其人にもまさりぬべけれ」と月化の句風をたたえた後で、

此翁の書き給へるものは芭蕉翁のおもかげをも能うつしたまへるが、今の世にはいとめづらなるここ地し侍る。大声は里耳に入らずといへれば世人の得しらぬもあるべけれど、知る人の少きはます〳〵たときなめり。後世もし子雲（漢の揚雄字は子雲）あらば必是を好ましといへる事のたぐひにや。

と和文で物した心境も、ひとしお興深く、彼も不易の正風に眼を開いていた月化と同様、「ばせを葉の陰を仰ぐ」心をそのままのぞかせているかのようである。

六　漢蘭折衷の医学

嘉永三年九月『医学啓蒙』が上梓（じょうし）された。これは万里の最後の執筆であった。

医学研究の動機

彼は自分の医学研究の動機を、

余三十六－七ノ時泰庵老人賀来（かく）（佐一郎）生ヲシテ余ニ従学セシメ、幾程モナク老人病没シテ未療治ヲモヲシエヌユヱ、余初テ医書ヲ読テ方証（ほうしょう）ヲ説キ薬効ヲ論ジタリ。此時蘭書ハ田舎ニハ解体新書ト内科撰要ノ半分バカリ上木シテ有シ比（ころ）也。田舎ノコトユヱ病人時時来テ治ヲ乞フ、乃チ是ヲ治メシム。日野生（鼎哉）傍観シテ是ヲ学バンコトヲ請フ。二人ニ教ユル内坂本生（周行）モ是ニ従ヒタリ。（『医学啓蒙発題』）

最初の三弟子

と語っているように、この三人の弟子を中心に進めた医学研究が、帆門における医師養成の直接の発端ではあったが、本来帰納的で経験的な性格の医学に、窮理の学を好んだ彼の実証的な思索方法が、傾いていったことは極めて自然である。

万里の医学教育法

万里は賀来泰庵に、こと細かく彼の抱懐する医学教育法について、先ず小学の修辞・作文、次に窮理を教え、ひと通り学問ができた上で、医学の教授にかかり、最初生理解剖・病理・薬物の基礎から入って、

吉益・村井ノ徒ノ論ヲ学ビ、漢人ノ古方ト漢薬ノ効ヲ知リ、其ヲ開体病因ノ説ト融合セシメ、薬徴方極ノ偏僻ヲ正シ、一方其極ヲ立テ、一業其徴ヲ正シ、和産ノ薬蛮貊（南北の蛮族）ノ産トイヘドモ此規矩ヲ以テ此ヲ御シ、薬効之香味寒熱天性ノ異用アルヲ精シ、新ニ方ヲ製シ人ヲモ治シ人ニモ教フルニ至ル。此レ医術ノ大成カトモ存候。（『帆足万里書簡集』）

と説いている。以上は「寛政ノ初年『内科撰要』ノ翻訳アリテヨリ四十年、……内科医タルモノハ先ヅ解剖学・人身窮理学・万物窮理学・本草学・舎密加……等治療ノ基礎タルベキモノヲ修メ、此数科学成リテ而シテ後、始メテ刀圭ヲ執ルノ

順序ナルコトヲ明ニスルニ至レリ」（富士川游『日本医学史』）というのと符節を合わせている。

医者に非ず

自分は実際の治療の方法には不案内で、ただ理論を述べたに過ぎなく、「予ハ窮理ノ学ハ嗜ドモ医者ニテモナシ」と断わっている通り、万里は子弟に医学を教授しても、自分で施療したことはなかった意味で学医であって、疾医ではなかった。さて如上の大成法は、不器用なものには施されないし、五－六年はかかるともいって、医生を教授するのに、先ず江戸訳『医範提綱』『内科撰要』を読ませ、次に自著の『傷寒論解』を教材として、医の大意を知らせ、学業の進むとともに、漢西の医書を読ませたのである。

読んだ医書

万里が主として医学の知識を得た医書は、『傷寒論』『病源候論』『温疫論』『瘟科鍵』『解体新書』『医範提綱』『内科撰要』『遠西医方名物考』『泰西熱病論』『公斯辟爾夫病因考』などで、その他オランダ語の医書数部であった。

『医学啓蒙』が唯一の医学の著

『医学啓蒙』は彼の医学研究の実際経験から古方・後世・蘭方の三流の一長一

短を実証的に論じ、「漢西ノ得失ヲ言テ童蒙ヲ喩（さと）」した彼の唯一の医書で、「済生ノ志アル人先（まず）漢ノ医法ヲ学デ遠西ノ窮理ノ学問ニテ其不足補フベシ、蘭書ナドモ出精シテ読ベシ、純粋蘭方ハ速ニ止ムベキコトナリ」（『医学啓蒙』）という彼の持論を展開している。

顕微鏡なし

寒郷のことで顕微鏡がなかったから、日野・賀来の二人を長崎に遊学させ、その後坂本も長崎に赴き、三人とも純粋蘭方を用いるようになったので、自分が、

蘭書ヲ大抵読習ヘバ其書モトヨリ漢ノ医書ト違ヒ、療治ノコトモ精（くわ）シク手ニ取ル如ク書テアルユヱ、療治ヲナセシコトモナク病情ヲモ知ラヌ少年、直（じき）ニ医者ニ出来ル様ニ心得ルナリ。是畠水練ト云モノニテ必沈没スル也。（『医学啓蒙発題』）

畠水練の如し

と純粋蘭方の陥り易い欠点を指摘した結果、賀来は純粋蘭法を止めたが、日野・坂本は雑方家（ざっぽうか）たることを嫌って、頑強に改めようとしなかった。京都滞在中、日野・坂本とまる二日、ついに二人とも一語も発することができなくなるまで、医

方について論じ合った。間もなく自分は京から引き上げたが、坂本は医方を改め、日野は轗軻不遇(世にいれられず志を得ない)にして、療治も止めた。その後一年、坂本はその臨終に、「余蘭方ノ為ニ死ス」といって急死したのは「哀痛スベキノ至リ」であると、『医学啓蒙発題』の冒頭で万里は述べているが、彼のある人への書簡のなかの「坂本周行死に臨みて夢中には存候へ共、緒方洪庵に貴様之為に被殺候と申候よし、さてさて痛はしき事に御座候。老僕在京に候ば、殺しは致まじくと存候」(『帆足万里書簡集』)という文言は、「疫症ナリシニ初メ吐剤ヲ用ヒ、継ニ下剤ヲ以テス」という却って蘭方を知っていたために、自分で蘭方を誤まり用いた一人の愛弟子の死を深く悲しんだばかりでなく、緒方洪庵に象徴された純粋蘭方のいかに人を誤まるかを痛嘆した言葉でもあった。

蘭方のために死す

後年西周が、「近来西洋の医薬なるキニーネ・モロヒネなどの功能あるを徒らに聞き、而して其拠る所の傷寒論中の薬種に調合して是を病人に用ゆるときは、其病に利なきのみならず、其人を害する許多ぞや。是即ち其病に由りて薬種の功能ある所以の真理を知らざるに拠る所なり」（『西周全集』一巻）といったのも、上の万里の心情を的確にいい得ているかのようである。

「一の文化の争」とみた鷗外

森鷗外が、「当時政治が鎖国・開国の岐に臨んでゐた如くに、医方も亦漢方・洋方の岐に臨んでゐた」（『伊沢蘭軒』）といって、「漢医方の廃れ、洋医方の行はるるに至つたのは、一の文化の争で、其経過には必ずしも一顧の価がないことはなからう」（同前）とみたように、万里の上の叙述も、医方を繞る師弟間の意見の齟齬というよりは、当時日本の医学が当面して、早急に解決しなければならなかった「一顧の価」がある問題を提起していたし、西洋医学が日本に入って来て、これをいかに摂取するかというわが医学界の混沌期が、問題の背景となっていた。

医学界の混沌期

鷗外は「蘭方の快速と新奇とに惑されんことを惧れ、又翻訳書を読んで自ら足れりとする粗漏なる学者に誤られんことを憂へ」（同前）、さらに「晩出蘭学者の翻訳書に由つて彼邦医方の一隅を窺ひ、膚浅粗漏を免れざるを刺った」（前同）伊沢榛軒が、解剖・薬方の酷烈・種痘を蘭医方の三弊事として、排したことを語っているが、このような蘭医方についての榛軒の憂いは、万里にも通じていたことで、「医書など議論行届きたる様なれど、経験の書を読むに療治は仕損じ甚だ多」（『東潜夫論』）きを知っていた彼は、「蘭書ハ些シ読メバトテ素人ノ言ヲ取リ用タルハ余ガ門人ドモノ過チナリ」（『医学啓蒙発題』）と卒直に認め、榛軒が特に薬方の酷烈を難じたように、万里も例えば自分の経験から、

伊沢榛軒の憂い

今ニ至テ三十余年終ニ吉那ヲ人ニ用ヒサセシコトナシ、済生ノ志アル人、必、吉那ヲバムザトハ用ユ可カラズ。……西人ノ言ノ如ク必用ノ薬ニハアラヌナリ。（前同）

吉那を用いず

と語っている如きも、薬方に関した一家言である。そこで、

蘭方ヲ学ハ、方ヲ用ユル所以ニ在テ方ニアラズ。古人モ伝方ノ人有テ伝法ノ

人ナシト云リ。西医法ハ学ブ可シ、必シモ西薬方ヲ用ヒズ。今ノ医者ハ宜ク漢蘭医法ヲ兼学テ、外感転変ノ病ハ漢方ヲ用ヒ、内傷一部ノ病ハ西法ヲ用ユ可キ也。(同前)

漢蘭二方の折衷

あるいは、

故ニ今ノ医ヲ学ブモノハ漢蘭ノ方ヲ並べ用ヒ、和薬ノ紛ラハシクシテ効ナキモノヲ用ヒズ。西人窮理ノ学ヲ治メテ其固陋ヲバ舎テ修行セバ自ラ上手ニモナルベキナリ。(同前)

といって、二方の折衷を強く主張したのである。またこのように漢蘭折衷の立場をとっていたからこそ、万里が特に華岡(はなおか)青洲を『産科新書』の序その他で推重し、

華岡を賞揚

「華岡青洲ハ実ニ漢蘭折衷派ノ一大宗ト推スベキモノニシテ、我邦ノ漢方医家が能ク蘭医方ヲ運用シテ当時ノ医家ノ多数ヲシテ殆ド瞠若(どうじゃく)タラシメシハ、前ニ産科ノ賀川・奥諸家アリテ、今外科華岡青洲アリ。其主張スル所ハ内外合一・活物窮

理ノ説ニシテ、……」（『日本医学史』）といわれるような華岡の秀抜を認めていたのである。

死生観

万里は「生々堂記」（『西崦余稿』）と題する一文で、彼の死生観を通して医の道を明快に語っているが、それによると、「天地の道は生のみ、死有ることとなし」で、人もまた「生ありて死あることとなし、死は生の尽なり」というふうにみて、「生を宣して生く、医の良なり。生を宣して死す、医の庸なり。死を宣して死す、是れ生の尽なり。」それゆえに「医の道は其生を生かすのみ」ということで、「越人能く死人を生すにあらず、此れ自ら生くべき者、越人能くこれを起たしむ」（『伊沢蘭軒』）というのと表現を異にしているだけで、彼もまた「敢て天に逆はんとすと云ふ」蘭方を採らなかった伊沢榛軒の同調者でもあった。

榛軒の同調者

万里が『医学啓蒙』で、「漢方ヲ窮理ノ説ニカケテ用ユルハ二十年前余、賀来・日野ニ生ニ命ジテ作ラシメタル傷寒論ノ解アリ」といった賀来佐之・難波直共著、

『傷寒論』の新註

勝田祐校正の『傷寒論新註』がある。賀来佐之は、「夫れ仲景は古の良医にして其は漢方の宗なり。唯之れを継述する者専ら其の言に徴して、之れを事実に求めず、仲景が変に応じて宜を制するの妙、復知るべからず。蘭方を学ぶ者亦往々一隅を守り、通敏の才なく、其れ己の言と合はざるを以て棄て用ゐず。亦過らずや。吾儕此挙は世医の蒙を発き、之れをして寿域（長寿の境）を躋々（のぼるかたち）せしめんとするにあり」（自序）と編述の趣旨を明らかにしている。

七　門下の医家たち

賀来佐一郎

そこで帆門から輩出した名ある医家を一瞥してみれば、いかに万里の医学教育の方針が適切であったか、また医学界への影響も甚大であったかが、うかがわれるのである。

万里の最初の門弟は、前に述べた賀来佐一郎（佐之、字は公輔）で、寛政十三年七月二十九日島原藩の別封豊前宇佐郡佐田村(現大分県宇佐郡安心院(あじむ)町)に生まれた。父の泰安(字は千里通称太庵)は十七歳で三浦梅園に学び、梅園没後本草を小野蘭山に受けた医であった。彼は淡窓の伯父秋風庵月化とその門下の金谷弗水(ふつすい)と親しく、しばしば日田を訪れているので、淡窓もよく識(し)っていて、「医術ニ長ジ頗ル快活ノ男子ナリ」(『淡窓全集』)と評した。その子佐一郎は万里に師事十年の後、文政八年長崎に赴き、吉雄耕牛から蘭学を学び、四年間シーボルトに就いた。

万里は、蘭学修業は結構だし、留めもしないが、文化元年の泰庵の死後母一人を遺(のこ)して、他郷で起死回生の医術を体得したところで、一体何の貴ぶべきことがあろうか。中江藤樹・伊藤仁斎の二先生は母のゆえを以て、千石の祿を辞して窮乏に甘んじられたではないか。それに長崎に居住しても、治療に暇がなければ上達はしなかろう。およそ人には命(めい)があり、学問の上でもそうだから、長崎を引上げるようにと切々たる訓誨(くんかい)をあたえている。

文政二年佐一郎は帰郷して医を開いたが、「西州ニ蘭方ヲ用ヒ刺絡（関節の静脈に針を刺して悪血をとる）脚湯ノ類ヲ行ヒシハ余ガ門人ヲ以テ発首トセリ」（『医学啓蒙発題』）と万里が誇らしげにいったのは、実に賀来佐一郎らを指していた。それゆえ『日蘭文化交渉史の研究』（板沢武雄著）には、「豊前豊後の間蘭方医術は佐一郎にはじまる」とあるのである。

島原藩における活躍

佐一郎は天保十三年二月十二日島原藩医（十人扶持）となり、天保十四年十月二十一日と天保十五年三月十三日の二回、天保十四年二月江戸で戸塚静海（シーボルトの門人）に学んで帰藩した藩医市川泰朴（保定）を中心としての島原郊外今村における解屍に協力した。その時弟の賀来睦三郎は写生を担当した。

嘉永二年十月佐一郎は泰朴とともに、長崎の和蘭陸軍医官モーニッケについて、種痘法の伝授を受け、『治痘新書』を著わし、藩中に種痘を行なった。

『ウィルデノ』を訳した『本草新書』

シーボルトから医学のほか植物学を学んだ佐一郎は、『本草新書』の題名で万里が『窮理通』に参考した『ウイルデノ本草説』の翻訳を完了した。これはわが国最初の植物学書といわれる宇田川榕庵の『植学啓原』(天保四年)に数年を先んじた貴重な訳業として評価されなければならない。その他彼の本草関係の書目に『島原日光東海採薬記』一巻、『油布山嶽採薬図譜』二巻、『救荒本草』十四巻が含まれていた。また先に佐野柿園が学んだ藤井方亭の稀少な書と目される『方亭藤井先生方府』(京大図書館蔵『富士川本目録』所載)の編者が、賀来佐一郎であったことも注目される。一方彼はそのような学問的仕事ばかりでなく、薬園で、実際の指導に当った。彼は天保十四年十一月二十七日島原城本丸の藩の医学校済衆館内に再興された薬園の主任となり、その後弘化三年二月九日以降、眉山麓焼野尻の薬園開発に鋭意努力した。島原藩の許可を得て、天保十五年九月延岡藩の薬園や、安政二年八月日出藩の支藩の立石陣屋の本草仕立などの指導をした。

各地での薬園の開発指導

佐一郎と圭介

圭介は……シーボルトから餞別に贈られたツンベルグの『日本植物誌』の翻訳研究をはじめた。……本文の原稿がひとまずでき上った。……これをみると、草稿には親友の賀来佐一郎の朱書とともに随処にシーボルト自身のペン書き洋字の記入があり、云々。（杉本勲『近世実学史の研究』）

の記述によっても、シーボルト門下で佐一郎が伊藤圭介の学問上の益友でもあれば、医学ばかりでなく、本草学にも一家をなしていたことを証している。

『墨是可新話』

さて万里が佐一郎へ送った書信のなかに、「島原人漂流人御書、幸便にかり可レ申候」（『帆足万里書簡集』）というくだりがある。年は不明であるが、七月十一日の日付である。多分京都から西崦に帰った年の嘉永元年であるかもしれない。「時々老病を再発、末々覚束無く御座候」とも書き添えている。万里が求めた書は、天保十二年十月九日、島原の水夫太吉が網代（あじろ）港出帆以来漂流しつづけ、翌年二月二日イスパニヤ船に救助され、三月十六日カリフォルニヤ半島のサンルカ・サンホーセからマサトランに赴き、その地で一年二ヵ月を送った後、ルソン・澳門（アモイ）・鎮海・杭州等に寄港して、ようやく弘化二年七月十一日、四年ぶりに唐船で長崎港に送還され、翌年三月十六日島原の自宅に落ち着いたのを、藩命で佐一郎が引見して、その見聞談を、弘化四年八月に纏め上げた『墨是可（メシコ）新話』十巻であった。

万里はその時すでに『東潛夫論』を書き上げていたから、『墨是可新話』から直接得たものはなかったかもしれないが、その後の万里の海外事情に関する知識は、『墨是可新話』の佐一郎を通して深味を加えたに違いなかろう。

この書について、「……『墨是可新話』は、単なる異国見聞談や漂流奇譚のありふれた猟奇的書物ではなく、あくまでも学問的意欲に基いた海外知識啓蒙の労作であることを思うとき、その学究心の深さ、海外事情普及の熱意に対して、まことに敬服に堪えぬものを感ずるのである」（入江湑『隠れた洋学者賀来佐一郎佐之事蹟考』、長崎談叢三十九輯）、と評されている。

賀来佐一郎の異母弟、賀来飛霞（名は睦之、睦三郎）も医者で、写生画の妙手であったが、小野蘭山に本草を学んだ父泰安の志を継いで、本草家として著聞していた。飛霞は天保十一年から三年間、奥羽で植物千数百種を採集したが、万里の「入陸奥に遊ぶを送るに序す」の文章は、「窃(ひそか)に其の志を壮」として彼のために書かれたものであった。そして「士の遊は游観(ゆうかん)の末に止まらざるを言ふ」と彼がいったように、学術上多大の収穫があった。さらに弘化元年晩秋、飛霞は日向・大隅にも採薬旅行をした。明治八年以後小石川植物園で、伊藤圭介とともに、『小石川植物園草木図説』の完成に努力し、明治三十七年七十九歳で没した。

飛霞の採薬活動

白井光太郎(しらいみつたろう)の『日本博物学年表』には、彼の採薬活動は次のように記述されている。

> 庚子(こうし)十一(天保十一年)、加来睦之、油布(ゆふ)嶽採薬記ヲ作リ、山頂山腹山麓ノ草木ヲ図説ス。乙巳(いつし)二(弘化二年)、加来睦之、日州延岡侯ノ聘(へい)ニ応ジ高千穂山ニ採薬ス。辛亥(しんがい)四(嘉永四年)一月、加来睦之、救荒本草略説ヲ作ル。

他に彼の著述に『飛霞草木写生』『飛霞採薬記』がある。

日野鼎哉

日野鼎哉(ていさい)は万里門下の医家中、京坂で名をなした一人で、万里も彼の純粋蘭方には反対したが、弘化四年八月京都から前記賀来飛霞へ、「京摂の学問、和学一向無レ人候。当時は山本本草・花岡外科、京摂第一と存候。雪雄（梅室）の発句、梅逸・百穀（小田海僊、百石とも号す）の画、是に次ぐべく候。さては貞斎（マヽ）の医術、緒方が蘭学などにや」（『帆足万里書簡集』）と京摂の学界の状況を伝えているから、緒方洪庵とならぶ鼎哉の医術を高く買っていたことは明らかである。

笠原白翁

鼎哉は豊後速見郡南由布(ゆふ)村（現大分県大分郡湯布院町）の人で、賀来佐一郎・坂本周行とともに、逸(いち)早く万里に医を学んだことは前述した。その後シーボルトの鳴滝(なるたき)塾に入ったが、オランダ語に堪能で、外科を最も得意とした。滞京中の万里は、京都に開業していた鼎哉と頻繁に往来した。鼎哉門下の越前出身の笠原良策（白翁）は、嘉永二年痘瘡の流行に際し、牛痘種を清(しん)国より取寄せることを藩主松平春嶽に上書して、長崎より痘苗(とうびょう)を得て、安政五年十一月福井に除痘館を設けた。一方鼎哉は京都二条の除痘館で種痘を試みた。

洪庵へ分苗

「嘉永二年には松平越前侯の御尽力で長崎へ舶来した痘苗が、これを受け取りに行った笠原白翁の厚意で、大阪の洪庵等は社中へ分苗せられ」（緒方富雄『蘭学のころ』）た結果、古手町に、緒方洪庵が種痘所を開いた。実にこのような種痘実施の先覚者として鼎哉・白翁の功績は没し難い。

鼎哉の著書に『白神除痘弁』（嘉永二年）・『黴毒一掃論』がある。嘉永三年六月十二日鼎哉死去の悲報に接した万里は、七言絶句の体で、二年前の秋の薄暮の離愁（りしゅう）を想起し、「横湟（おうこう）（横を流れる急流）の西畔吾を送るの時、昏暮（こんぼ）匆々（そうそう）路の岐（わかれ）に立つ。当日の苦言何の益かあらん、秋風涙を灑（そそ）ぎ天涯に向ふ」（『西崦余稿』）と鼎哉を痛哭した。「当日の苦言」は、恐らく蘭法への傾斜に対しての戒めでは、なかったであろうか。

宗栞亭

鼎哉とならんで、京都で医を業として名声の高かったもう一人の弟子は、北豊の臼野村（現大分県西国東郡真玉町）出身の宗栞亭（かんてい）（真哉）であった。彼は師説にしたがって漢洋を折衷したが、彼に治を請うものは遠近より雲集して、遂に一大門戸を開いた。彼は五十五歳の時長崎に赴き、洋医について一年間研究した。一旦帰京後、故郷臼野へ退隠し、臼野が延岡の封内であったので、内藤侯に抱えられた。文久二年十二月二十五日五十九歳をもって病没した。真哉は在京中の万里のために宿舎のことから、京都各地の道案内に至るまで、至れり尽せりの労をとった。中村栗園は、「君、人となり奇胆あり、又奇識あり、故に行事に見はるる所の者、一に奇ならざるはなく、……平日然諾（引き受けること）を重んじ、振救（施し救う）を楽しみ、人皆慕悦、依頼す」（『栗園文稿』）とその墓碑銘に撰した。

　豊後杵築の佐野博洋は前述した佐野柿園の甥で、その少壮時代、万里に師事し、文政九年江戸に出て、青池林宗に蘭学を学び、同十年三月シーボルトに就いて研鑚し、十二年九月帰郷した。毛利空桑が明治十年七月七十七歳で卒した博洋の墓碑銘に、「藩守、君に命じて就いて虎列剌病治術を研尋せしむ。矢伊勃児篤奇賞し、具さに秘訣を授け、帰るに及び翻書を貽る。序篇中日域吾が医技を蕃宣（養い布く）するは君を以て嚆矢と為すの語有り」（『洞達亭遺稿』）と書いたように、博洋はシーボルトに再度学び、特にコレラの治療法を受けた。彼の著書に『三熱論』『医学原旨』があった。

安政六年七月再渡来したシーボルトに学んだ万里のもう一人の弟子は、宇都宮逵山である。彼は安政四年来朝して、近代的な医学教育の端緒をなしたポンペにも従学したが、嘉永元年渡来していた出島蘭館医モーニッケから牛痘種痘法を授けられ、嘉永六年日出藩内で種痘を行ない、藩主木下俊程の序を附した『牛痘新編』を著わした。『窮理通』漢訳の仕事にも加わっていた。明治三十一年七十七歳で没した。

以上述べた医家たちは、その出身地が豊前・豊後に限られていたが、遠国からいわゆる医家でもない万里に医をわざわざ学びに来た学徒も、少なくなかった。

例えば安政二年初夏、賀来佐一郎と共者で、『傷寒論新註』六巻を出した備前金川の難波立達の如きがいる。彼の父難波立愿（節抱）は文化八年二十一歳で京都の賀川蘭斎の門で産科を究め、かたわら吉益南涯について内科を修め、文化十一年二十四歳の時、華岡青洲から外科を学んだ後、文化十二年二十五歳の時帰郷して、学塾思誠堂を開いた。『胎産新書』十巻『散花新書』などの著があった。彼の高名を聞いて、ほとんど全国各地から学徒が集まり、千五百人の医者が彼の門から送り出された。当時それほど盛名のあった立愿が何を好んで、わが子の立達を自分の手許で教育しないで、遠く豊後の山間の医者でもない帆足万里の手に委したのであろうか。漢蘭折衷学派であった立愿その人の同じ学派の万里に対する絶大な信頼感であったといえないであろうか。

立愿は嘉永三年二月、備中足守藩侍医緒方洪庵から痘苗を分与されて、備前に初めて種痘法を施しているが、洪庵はそれ以前、万里の弟子日野鼎哉から痘苗を受けていたことは、すでに述べた。立愿と万里は「備豊千里初め相聞かず」の間であったが、前者はその愛息の教育を托し、後者は前記の『産科新書』に序を寄せ、「東方医を以て鳴る者衆し。花岡の瘍科、賀川の免乳（分娩）、是れ其の尤も顕著なる者なり。（中略）難波立愿両びて其の術を伝へ、日夕講習し、其の進むや駸々乎（物事の進むにいう）として已まざるなり。近く産科新書を著はすや、已に精且つ博、其れ後世に厚きを為すや至れり」（『西崦余稿』）とその医術を激賞し、また新著数巻の校正も請われた。彼から立愿への書にも、「高篇を観るに及びて、初めて方技（医術）の中に自ら君子人の有ることを知るなり。然れども僕学問浅薄、其の医事に於けるや初め師承淵源無く、漫然として一‐二の改竄皆臆見に出づ、足下以て忤うことを為さずして、遠く書問を辱ふす、褒寵備はり至れり」（同前）といっているように、

方技の中の君子人

万里と立愿は、全く備豊千里の間に心を通わした医学の益友といえるであろう。

難波立達

万里は立愿に「賢息講習怠ることなし。海国荒僻（荒れ果てた田舎）、宛として山中の精

盧（書斎）の如し。酒食徴逐（人を招き往訪す）の楽無く、亦極めて講学に便す」（同前）と立達の精励振りとその地が勉学に絶好の環境であることを報じている。立達は父の期待にたがわず、万里によって、その後を嗣ぐに足る医者に育成されたのである。

鎌田玄台

魯庵・安石

そのほか万里から「薄遊（しばしの旅）怱卒幾時還らん、多謝す高人（高潔な人物）我が艱を済ふを。履杖行に臨み、重ねて借問す、天辺の何処ぞ象頭山」（同前）の七言絶句を贈られ、また彼が序して「今鎌田子の技を観るに、華岡氏の法に因りて之を精しくし、……其他割断縫縛の巧は西人加へ能はざるなり。（中略）此の書を読む者能く学に反りて而して技に進む。将に豪傑の士継ぎて興る有らんとす。豈唯瘍科の為ならんや」（同前）と激賞惜かなかった『外科起廃』の著者の大洲出身鎌田玄台、紀州の華岡の門下で、豊後に帰ってから外科医として名声高く、万里夫人の乳瘍に手術をして、「快刀割下腸を刳るに似たり。方を論じて怪しむ、爾の巧我に過ぐるを」（文集）と万里に賦謝された小田魯庵、長崎の吉雄耕牛や下関の岡研介に学び、万里の脱落に際しては、師のためにみずから上京して、何くれとなく奔走した勝田安石がいた。

甲原玄寿・玄簡

森鷗外の『伊沢蘭軒』には、文化十二年二月の中旬に江戸を立って神辺への帰途に上った菅茶山に同伴した中に、豊後の甲原玄寿があったことを語って、「玄寿、名は秀義、漁荘と号した。杵築吉広村の医玄易の子である」と記しているが、知られた医であった玄寿は、難波立愿が息子の立達を万里に就かしめたが如く、その子玄簡を万里の門に入れて、医を学ばしめた。敬老の念の深かった万里は、玄寿へ宛てた手紙には、必ず甲原先輩あるいは甲原賢契と書き、自分の署名の下に拝・再拝を附した。

石川玄翠

また万里が『医学啓蒙発題』で「門人近訳ノ扶歇蘭士云々」Christoph Whilhelm Hufeland（1762—1836）と言及した『扶歇蘭度病理論』（富士川游『日本医学史』・辛島詢士『フーフェランドの著書の十九世紀日本医学界への影響』）を訳出した石川玄翠は、同じフーフェランドを訳した『扶氏経験遺訓』の緒方洪庵や、『扶氏診断』の山本致や、『察病亀鑑』の青木周弼らの名に隠れてはいたが、日本医学史上逸せられない名である。

八　終焉の前後

野本白巖

嘉永三年三月十五日は、門弟野本白巖がはるばる九州から「山海三千里を跋渉することを憚らず」して、二月二十日江戸に到着し、「何を憚りて天下万民の為に之れを一言せざらんや」という固い決意を抱いて、憂国の文字五千余語を連ねた『海

帆門出身医師系譜

- 帆足万里
  - 賀来佐一郎（吉雄権之助・シーボルト）──賀来謙亭
  - 日野鼎哉（シーボルト）──笠原白翁
  - 佐野博洋（シーボルト）
  - 宇都宮遯山（ポンペ・モーニッケ）
  - 坂本周行
  - 宗　栞亭
  - 難波立達
  - 中原玄簡
  - 鎌田玄台
  - 賀来飛霞
  - 石川玄翠
  - 小田魯庵（華岡青洲）
  - 勝田安石（吉雄権之助・岡　研介）

徳川斉昭

防建白書』（写本、著者蔵）を徳川斉昭(なりあき)に献じようとした日であった。「今それ閣下に非ずんば能く是(こ)の言を聴く者なく、臣に非ずんば是の言を以て閣下に進める者なし」とまで気負った白巖の志も、駒込屋敷に斉昭が謹慎中であったがために、

志も空し

ついに挫折をよぎなくされた。彼は志を空しくしたばかりか、彼の仕えた中津藩により召還され、彼の郷里豊前宇佐郡白岩村（現大分県宇佐市）に蟄居(ちっきょ)を命ぜられさえした。白巖が「是れ以て臣の師、臣に教へて門下に趨(おもむ)かしめ、敢て其の策を献ぜしむ」といっているから、万里の強烈な思想的影響下、その指示にしたがって執筆した

野本白巖『海防建白書』草稿（著者蔵）

万里・白巖の合作

建白書であったことはいうまでもない。事実、それは万里・白巖の合作といった方が適切である。その内容は白巖が「臣駑下(賤劣の意)と雖も嘗て其の説を習聞し、加ふるに己の意を以てす」という通りで、国内の危局を切り抜けて、国防の態勢を整え、外患に対し万全の策を講ぜよとの『東潛夫論』に盛られた警告を敷衍力説して、師に代って天下に用いしめようとして、起草されたのである。

白巖が建白書中、万里の年齢を今年七十有三といっているので、万里が白巖に口授したのは、事前の嘉永三年一月のことであったであろう。嘉永四年万里は『尹匪犯疆録』(編者不詳六巻)を入手した。西崦に留まった白巖は、その評註に従事、翌年六月脱稿した。吉田松陰も同書を蔵していたことは、嘉永六年六月三十日付の長原武宛の手紙で明らかである。

「多く薬餌を収め長病を慚づ」とか、「病を抱き江城(江水のほとりにある城)索居(寂しくおること)を嘆く」とか、「窮骨(困窮その極度に達すること)長く病に湛む」とかの詩句で察せられるように、生

発病

涯口癖の如く彼のいわゆる病懶をかこちつづけ、ある時は「頭冷眩暈之証差発し、多年の疝病抔相加はり、断へず相悩み」（『帆足萬里書簡集』）と病状を訴えたりしていた万里は、七十四歳の嘉永四年の秋、西崦に病臥したが、冬にはいたずきもやや怠った。

西崦を去る

万里はかねて、「余は病体にて、人間之住居にたへず、山中に身を終るべし」（『家訓』）と覚悟はしていたものの、嘉永四年十二月漸く病重く、死の迫るをさとって、養痾のために目刈から日出の旧宅に帰った。師が去った後の西崦には、岡松甕谷ら十数人の門弟が留まった。

その死

嘉永五年は万里終焉の年である。三月末、米良東嶠の序を附して、『四書標註』が上梓された。四月に入って一度致死の病に染まった万里は、再び病勢あらたまり、六月十四日（陽暦七月三十日）ついに長逝した。彼の一生も「仁者は寿し」の箴言（『論語』）の如く七十五の寿を保った。死因の何であったかは確証されていないが、察するに老衰で没したのであろう。

淡窓の哀傷

万里と通家の誼もあって、終生交誼のかわらなかった広瀬淡窓は、かつて自分に「千万保長」を祈った彼の訃音に接して、六月十七日、

> 聞くならく、帆足鵬卿本月十四日を以て歿すと。寿七十五。嗚呼哀しい哉。予斯の人と相識ること五十二年、雁魚往来す。遠思楼二集・析玄の上本、皆与に謀る。今や海西の大老を失ふ。予も亦依頼する所を失ひ煢々（憂うる様子）として立つ、嗚呼哀しい哉。（『再修録』巻九、原漢文）

と哀悼の意を記した。

藩では翌十五日朝賀を廃し、十七日には松屋寺背後

帆足万里の墓

の康徳山上に葬った。諡を文簡院広誉厳毅忠貞居士という。門弟たちは忌明けまで、毎夜墓側に侍した。墓碑銘は藩命によって、彼がかつて篠崎小竹以上と折紙をつけた東嶠が撰した。

東嶠碑銘を撰す

妻の死

万里の死を見送った翌年三月十日には、山ごもりすること八年、万里が「細君頗る解す農圃の事、牛糞棚を覆い越瓜を滋つ」と賦詠したように、鋤を手にとって、いつしかしつけない畑仕事にも慣れ、彼の脱藩上洛にも同行して、他郷で一方ならぬ辛苦をともにした彼の妻さき（秋山氏）も、ついにこの世を去った。

荊妻も年老て中風の萠しあり、亦世に長き人にあらず。性剛にして片意地なり、ほどよく事て終を取らしむべし、此れ人間の大義也。（訓家）

家を守る民二郎

とは、死を期した万里が、没前一年の嘉永四年、養子民二郎（亮吉、号は東洋）への遺言の一部であった。「空山絶えて血胤無し」と嘆いていた万里が、嘉永三年養って、その嗣としたばかりの弱年十八歳の民二郎は、家にただ一人取残されたが、彼は万里の高貴な精神を守り抜こうと決意して、安政三年二十二歳の時、日出藩の学官訓導を辞し、熊本に赴き、万里が最も信頼をおいた高弟岡松甕谷の門に入った。

その後三十五歳の彼は、明治二年一月日出藩公議人を命ぜられて上京し、十二月帰郷したが、その間集議判官神田孝平や依田（よだ）学海らと親しく交わった。明治二年春二月、三議案を日出議員帆足竜吉の名で公議所に提出した。

三議案の提出

市廛（してん）ノ法ヲ設ケ地税ヲ納メシムベキノ議

五位以下藩臣ニ至マデ位階ヲ定ムベキノ議

穢多（えた）ヲ平人トシ蝦夷地ニ移スベキノ議

右の三議案は万里が『東潛夫論』で主張した旨趣を汲んで建議されたもので、第一の議案は農本主義の立場から窮民救済のための市街地課税の建議で、それは明治六年七月の地租改正条令の公布に少なからぬ影響をあたえた。

第三の議案は木村毅氏の評言を引けば、「これらの議案に多少、新時代の理性と良心の声がひびいている。エゾ地にうつすのは可決せられなかったが、この理不尽な賤称廃止は満場一致の賛成を得た」（昭和三十一年十一月二十二日、『毎日新聞』）とある。このようにして、父子二代継いでの極端な人権無視の呼称廃止の主張が実現の運びになったのは、明治四年八月二十八日のことである。

父子二代の主張

亮吉はその後、少参事・権大参事の職を歴任したが、「学問に出精して善人となれ」との万里の遺訓を体して、明治十二年日出に函江書塾を設け、育英の事業に専念した。明治十六年七月に生母を失った彼は、同じ年の十月五日その後を追って、県会議員を最後に四十九歳で没した。

函江書塾

帆足家略系図

帆足鎮永（大友の家臣　その滅亡後佐伯侯に仕う）
―兼永（佐伯より日出に来りて二代木下俊治に仕う（百石））
―甚兵衛（百三十石）
―亦左衛門（百石）
―通文（家老（三百四十石）　文化八年二月没）

通文の子
- 貞之丞（天明元年閏五月没）
- 通億（家老（三百十石）　天保四年十月没）
- 万里
  - 亮吉（日田代官手附吉田快助長男　嘉永三年十月養子となる　妻杵築藩士入江氏女すぐ　明治十六年十月没）
- 通統（明石藩金井家を継ぎ用人となる　天保十三年没）

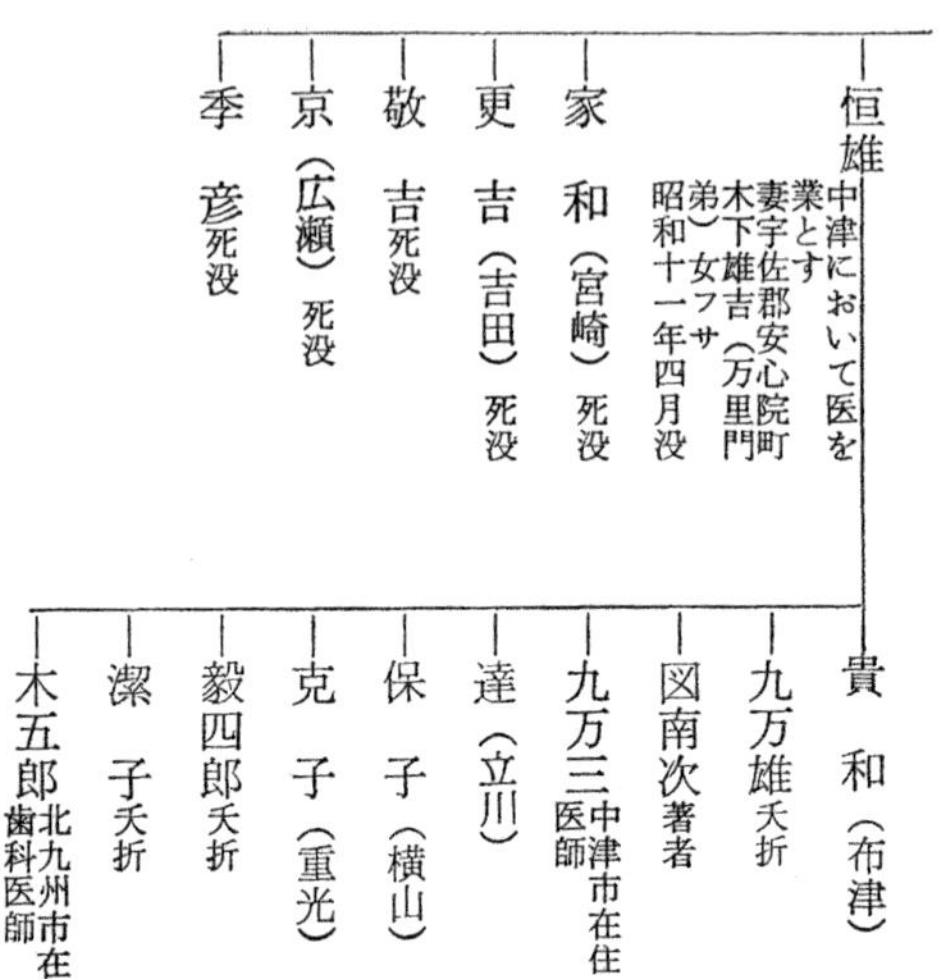

恒雄 中津において医を業とす 妻宇佐郡安心院町木下雄吉（万里門弟）女フサ 昭和十一年四月没
家和（宮崎）死没
更吉（吉田）死没
敬吉死没
京（広瀬）死没
季彦死没
貫和（布津）
九万雄夭折
図南次著者
九万三中津市在住医師
達（立川）
保子（横山）
克子（重光）
毅四郎夭折
潔子夭折
木五郎北九州市在住歯科医師

略年譜

年次	西暦	年齢	事蹟	参考事項
安永七	一七七八	一	正月一五日、豊後日出に生る。父は通文、その第三子	三浦梅園(五六歳)、長崎に再遊、初めて地動説を識る○脇愚山一四歳
天明元	一七八一	四	閏五月二〇日、長兄貞之丞、江戸にて病死(二〇歳)	藤田貞資の『精要算法』刊
二	一七八二	五		四月、広瀬淡窓生る○九月、日出藩儒喬鳳渚没す
五	一七八五	八		脇愚山(二二歳)、豊後二子山下に三浦梅園(六三歳)を訪う
六	一七八六	九		林子平の『海国兵談』『三国通覧図説』刊○三浦梅園の『丙午封事』成る
七	一七八七	一〇		脇愚山、大坂に赴きて中井竹山に就く○本居宣長の『秘本玉くしげ』成る
八	一七八八	一一		大槻玄沢の『蘭学階梯』刊

年号	西暦	年齢	事蹟	参考事項
寛政元	一七八九	一二		三浦梅園『贅語』を完成、三月没す（六七歳）○中井竹山の『草茅危言』刊
二	一七九〇	一三		五月、異学を禁ず
三	一七九一	一四	豊後豊岡小浦の脇愚山(二八歳)に師事、これより従遊七―八年	
四	一七九二	一五		林子平著書・版木没収され、蟄居せしめらる○宇田川玄随訳『内科撰要』刊○本木良永の『太陽窮理了解説』刊
七	一七九五	一八		本多利明の『経世秘策』刊○桂川甫周の『北槎聞略』刊○司馬江漢の『銅版天球全図』『和蘭天説』刊○高橋至時ら天文方となる
八	一七九六	一九	父通文、家老(三百四十石)となる	稲村三伯の『ハルマ和解』（江戸ハルマ）刊○ジェンナ、種痘を実施し成功す
九	一七九七	二〇	四月、日出の算家二宮兼善の『図跡考』（十三巻）に序す	高橋至時らにより寛政暦成る
一〇	一七九八	二一	父に従い東遊、途上小豆島に遊び鳴戸灘を観望す○中井竹山を訪う○京都にて皆川淇園の門に	竹山の『逸史』刊○本居宣長の『古事記伝』完成○『重訂解体新書』訂正増補さ

年号	西暦	年齢	事蹟	参考事項
			出入す○帰途父と共に明石に実弟金井通統を訪う	る○二月、脇愚山時習館訓導として熊本に赴任す○オーギュスト＝コント生る
一一	一七九九	二二		四月、脇愚山、熊本より豊後鶴崎に移る○大槻玄沢の『蘭説弁惑』刊
一二	一八〇〇	二三	学問出精につき四人扶持を給せらる	
享和 元	一八〇一	二四	病いのため上京を思い止まる○日田に広瀬淡窓（二〇歳）を訪う○筑前博多に赴き亀井南溟（五八歳）に会う	八月、志筑忠雄訳『鎖国論』成る
二	一八〇二	二五	正月、単身海路東遊の途に就く○二月六日、入京、村瀬栲亭に会う○その後、皆川淇園を再訪す○毎年書物料金二両を賜わることとなる	山村昌永の『増訳采覧異言』刊○山片蟠桃の『夢の代』刊○志筑忠雄『暦象新書』を完成す
三	一八〇三	二六	家塾を日出中ノ丁に開く○三月、母菅沼氏没す	高橋至時『ラランデ暦書』の抄訳を始む○小野蘭山の『本草綱目啓蒙』刊
文化 元	一八〇四	二七	藩学教授（七人扶持）に登用さる	二月、竹山没す（七五歳）○九月、ロシア使節レザノフ長崎に来る
二	一八〇五	二八		宇田川榛斎の『遠西医範』『医範提綱』刊
四	一八〇七	三〇	父通文、引退○兄通億、武頭（二百石）となる○四月、『蘭室集略』跋を撰す	五月、皆川淇園没す（七四歳）○四月、ラランド没す（七五歳）○大槻玄沢の『環

年号	西暦	年齢	事蹟	参考事項
文化五	一八〇八	三一	『肄業余稿』を補筆、脇愚山跋を寄す	海異聞』刊 司馬江漢の『地球儀略図解』『刻白爾(コペルニクス)天文図解』刊○英艦フェートン号事件起る
六	一八〇九	三二		高橋景保・間重富により『ラランデ暦書管見』成る
七	一八一〇	三三	『修辞通』『窮理通』初稿に脇愚山序す	藤林普山の『訳鍵』刊○間宮林蔵の『東韃紀行』刊
八	一八一一	三四	二月、父通文没す	天文方に蛮書和解御用局設置さる○ショメールの家庭百科辞書『厚生新編』の訳述を始む○橋本宗吉の『オランダ始制エレキテル窮理原』稿成る
九	一八一二	三五	兄通億、家老(三百十石)となる○幕府の命により撰述せる『日出孝子伝』を藩命に従い和文に訳す	
一〇	一八一三	三六	給人(七十石)となる	
一一	一八一四	三七		三月、亀井南溟、居宅に放火し火中に死す(七二歳)○一〇月、脇愚山没す(五一歳)

一二	一八一五	三八	二月、「祭愚山先生文」を作る	杉田玄白の『蘭学事始』稿成る○六月、ナポレオン敗亡す
一三	一八一六	三九		大槻玄沢の『蘭訳梯航』成る
一四	一八一七	四〇	門弟勝田季鳳に口述し『窮理小言』を筆録せしむ	二月、中井履軒没す（八六歳）
文政元	一八一八	四一		五月、頼山陽、長崎に遊び「仏郎王歌」を作る
二	一八一九	四二	亀井昭陽、『蒙史』稿本の校を求め来る	村上玄水、福岡にて解剖を行う（万里、のちその『解剖図説』に序す）
四	一八二一	四四		馬場佐十郎の『窮理摘要』刊○伊能忠敬『大日本沿海実測地図』を作成
五	一八二二	四五	三月、田能村竹田、杵築より竹田への帰途来り訪う	一〇月、門弟佐野柿園、江戸に上り藤井方亭に蘭語を学ぶ
六	一八二三	四六	甥帆足蔵人に勤方心得書付を与う	八月、シーボルト、長崎に来る
八	一八二五	四八		シーボルト、鳴滝学舎を開設○青地林宗の『気海観瀾』刊○異国船打払令公布
一〇	一八二七	五〇	武頭格に昇進す○暘城罷士の名にて『秋風庵文集』に序す	伊藤圭介の『泰西本草名疏』刊

年号	西暦	年齢	事蹟	参考事項
文政一二	一八二九	五二		前年八月のシーボルト事件により一二月シーボルト追放さる
天保元	一八三〇	五三		コントの『実証哲学講義』第一巻出づ
二	一八三一	五四	兄通億隠居す、以後鷗斎と号す○加判となる	岡研介の『生機論』成る
三	一八三二	五五	藩主木下俊敦の懇請により家老（二百石）となる○京都遊学中の山田方谷（二八歳）、書を寄せ来る	小関三英訳『泰西内科集成』刊○国友藤兵衛反射望遠鏡を作る
四	一八三三	五六	一〇月、兄通億没す（六二歳）	宇田川榕庵の『植学啓原』刊○『ドゥーフ・ハルマ』完成○高野長英らの尚歯会結ばる
六	一八三五	五八	二月、家老を辞す○五月、中ノ丁の旧宅に家塾を再開す○『窮理通』の稿を新たに起す○二月『三教大意』を書く○藩改革意見を上書す	シーボルトの『日本植物誌』の一部成る（二巻三十冊、完成は一八四六年）○ガリレーの『天文学対話』（一六三二年刊）解禁さる
七	一八三六	五九	三月、新稿『窮理通』に自序す○広瀬淡窓の『遠思楼詩鈔』に序す	亀井昭陽没す（六四歳）○渋川景佑、『新巧暦書』を完成す
八	一八三七	六〇	門生ら寿宴を開く○幽閑地卜居の儀を願い出る	二月、大塩平八郎の乱起る○宇田川榕庵の『舎密開宗』刊○古賀侗庵の『海防臆

年号	西暦	年齢	事項	一般事項
九	一八三八	六一	九月、柳河藩の笠間子恭ら、藩命を帯びて来訪す	測』刊○小関三英訳『那波列翁伝』成る○渡辺華山『慎機論』『鴃舌或問』を、高野長英『夢物語』を草す
一〇	一八三九	六二		アヘン戦争始まる○蛮社の獄起る○斎藤竹堂の『鴉片始末』成る
一一	一八四〇	六三	一〇月一一日、斎藤竹堂来訪せしも、引見せず	リセランド没す（六一歳）○広瀬淡窓の『迂言』成る
一二	一八四一	六四	一二月、『井楼纂聞』『巌屋完節志』の漢訳成り、序文を付す	一〇月一一日、渡辺華山自刃す（四九歳）
一三	一八四二	六五	一一月、豊後南端村目刈に西崦精舎竣成、日出より学徒と共に移る○塾則を作る○弟金井通統没す	八月、アヘン戦争終結○渋川景佑、天保壬寅暦を作る○打払令（文政八年）緩和さる○コントの『実証哲学講義』六巻完結す
一四	一八四三	六六	『入学新論』脱稿、元田竹溪に校せしむ	一〇月、門弟賀来佐一郎、島原にて解屍に携わる
弘化 元	一八四四	六七	『入学新論』上梓○『井楼纂聞』『巌屋完節志』刊○『東潛夫論』を草す	
二	一八四五	六八	広瀬淡窓の『析玄』に対して賦謝す	添川栗の『英夷犯清国歌』成る

年号	西暦	年齢	事蹟	一般事項
弘化 三	一八四六	六九	吉田民二郎（一二歳）、日出に来りて従学○七月、亀井元鳳像に題す	
四	一八四七	七〇	四月一〇日、妻および門弟数人を伴い、東上の途につく。四国路を経て五月一日大坂着、次いで入京、東福寺採薪亭に寓す○一〇月、『仮名考』刊○赤松光映と会談す	八月、賀来佐一郎の『墨是可新話』成る○塩谷宕陰の『阿芙蓉彙聞』刊○一〇月東福寺の虚白上人寂す
嘉永 元	一八四八	七一	二月一七日、帰藩の途につき、山陽路を経て三月一〇日帰着す○『東潛夫論』を再訂す	
二	一八四九	七二		賀来佐一郎、島原藩において牛痘接種を行う○門弟日野鼎哉の『白神除痘弁』刊
三	一八五〇	七三	二月二〇日、門弟野本白巌江戸に上り、三月一五日徳川斉昭に上書せんとして果さず○一〇月吉田快助の長男民二郎（一六歳）を養子とす○民二郎、知行百九十石を賜わる○九月、『医学啓蒙』刊	八月二七―八日、吉田松陰、下関に病臥して万里の著『入学新論』『東潛夫論』を読む○江川太郎左衛門、反射炉を韮山に築く
四	一八五一	七四	秋、西崦にて発病す○野本白巌、西崦に留まり『尹匪犯疆録』を訳註す○一二月、日出二ノ丸に帰り療養す○岡松甕谷ら、西崦に留まる○民	川本幸民の『気海観瀾広義』刊○杉田玄端訳『地学正宗』刊

五	一八五二	七五	二郎に家訓を与え、形見につき書き遺す○甕谷『帆足先生文集』三巻を編し刊行す『四書五経標註』刊○四月、病気再発、六月一四日没す○城北の康徳山上に葬られ、文簡院広誉厳毅忠貞居士と諡される○米良東嶠、藩命により墓碑銘を撰す	小出由岐太訳の『蠏蘭垤略暦』刊

年次	西暦	死後	余録
嘉永六	一八五三	一	三月、万里の妻サキ没す
安政元	一八五四	二	三月、石川総弘編「西崦先生余稿」二巻刊行さる
三	一八五六	四	『窮理通』六巻まで刊行さる
明治一三	一八八〇	二八	一〇月、帆足亮吉『修辞通』を出版す
二四	一八九一	三九	『東潛夫論』内藤耻叟校訂『日本文庫』第一編に収めらる
四三	一九一〇	五八	帆足記念文庫（後に帆足記念図書館、万里図書館と改称）大分県日出町に創設さる
四四	一九一一	五九	一月、西村天囚の『学界の偉人』により紹介さる○三月、『日本倫理彙編』巻十に『入学新論』収めらる
四五	一九一二	六〇	二月二六日、学績を追賞せられて従四位を贈らる○三月二日、日出町において帆足万里頌

			徳会催さる
大正一五	一九二六	七二	六月、『帆足万里全集』上・下二巻刊行さる
昭和一六	一九四一	九〇	九月二四日、帆足万里筆『窮理通』稿本一冊（帆足図南次所蔵）、国の重要美術品に認定さる〇一一月、『東潛夫論』（帆足図南次校訂・岩波文庫）刊行さる
二六	一九五二	一〇〇	一〇月六日、日出町において帆足万里百年祭執行さる

主要参考文献

『学界乃偉人』西村時彦著　明治四四年　杉本梁江堂刊

『帆足万里先生略伝』　明治四四年　帆足記念文庫刊

『梅園全集』上・下巻　大正元年　梅園会刊

『淡窓全集』上・中・下巻　大正一四年―昭和二年　日田郡教育会刊

『帆足万里全集』上・下巻　大正一五年　帆足記念図書館刊

『帆足万里書簡集』小野竜胆編　昭和一三年　編纂者刊

著者略歴

明治三十一年生れ
大正十二年早稲田大学文学部英文学科卒業
昭和七年～八年イギリス滞留
早稲田大学教授、立正大学教授等を歴任
昭和五十八年没

主要著書

アイルランド文学の闘争過程　イギリスの民主主義文学　イギリス急進文学論　帆足万里と脇愚山　帆足万里と医学　一花一竹

人物叢書　新装版

帆足万里

昭和四十一年五月二十五日　第一版第一刷発行
平成二年一月一日　新装版第一刷発行

著者　帆足図南次（ほあしとなじ）
編集者　日本歴史学会　代表者　児玉幸多
発行者　吉川圭三
発行所　株式会社　吉川弘文館
東京都文京区本郷七丁目二番八号
郵便番号一一三
電話〇三—八一三—九一五一〈代表〉
振替口座東京〇—二四四
印刷＝平文社　製本＝ナショナル製本

『人物叢書』(新装版)刊行のことば

人物叢書は、個人が埋没された歴史書が盛行した時代に、「歴史を動かすものは人間である。個人の伝記が明らかにされないで、歴史の叙述は完全であり得ない」という信念のもとに、専門学者に執筆を依頼し、日本歴史学会が編集し、吉川弘文館が刊行した一大伝記集である。

幸いに読書界の支持を得て、百冊刊行の折には菊池寛賞を授けられる栄誉に浴した。

しかし発行以来すでに四半世紀を経過し、長期品切れ本が増加し、読書界の要望にそい得ない状態にもなったので、この際既刊本の体裁を一新して再編成し、定期的に配本できるような方策をとることにした。既刊本は一八四冊であるが、まだ未刊である重要人物の伝記についても鋭意刊行を進める方針であり、その体裁も新形式をとることとした。

こうして刊行当初の精神に思いを致し、人物叢書を蘇らせようとするのが、今回の企図である。大方のご支援を得ることができれば幸せである。

昭和六十年五月

日本歴史学会

代表者 坂本太郎

〈オンデマンド版〉
帆足万里

人物叢書　新装版

2020年（令和2）11月1日　発行

著　者　帆足図南次（ほあしとなじ）
編集者　日本歴史学会
代表者　藤田　覚
発行者　吉川道郎
発行所　株式会社　吉川弘文館
〒113-0033　東京都文京区本郷7丁目2番8号
TEL　03-3813-9151〈代表〉
URL　http://www.yoshikawa-k.co.jp/
印刷・製本　大日本印刷株式会社

帆足　図南次（1898～1983）

ISBN978-4-642-75183-4